民法総合・事例演習

第3版

民法総合教材研究会［編］

有斐閣

Printed in JAPAN.
株式会社　有斐閣

第３版　はしがき

本書の第２版を2009年に刊行してから，既に15年近くが経過しつつある。この間，2017年の民法（債権関係）改正を筆頭に，2018年の民法（相続法）改正，2021年の民法（所有者不明土地等関係）改正などの大きな法改正が相次いだほか，判例も，重要なものが多数登場している。これらの変化は，第２版を古びた教材としてしまっていた。

そこで，今回，最新の法状況への対応を図るべく，本書の第３版を刊行する運びとなった。この第３版では，法改正を踏まえて各章における設例や設問を全面的に見直し，あるいは章ごと差し替えるとともに，参考判例や参考文献の大幅な補充・更新を行っている。今回の改訂により，本書が，法科大学院の授業や授業外での勉強会における事例演習教材として，さらに広く利用されることを願っている。

本書のねらいや三つの部と各章の構成は，「初版はしがき」に記したとおりであり，第３版においても変更ない。とりわけ，事例演習教材としての本書のねらいは初版以来一貫しているので，是非「初版はしがき」を一読いただきたい。今回の改訂による変更点として，巻末に付されていた実践編は，長文の事例による双方向型授業のイメージを伝える役割を終えたものとみて，収録を見合わせた。また，各章に掲げられていたCheckpointsも，授業での利用頻度が低かったことを踏まえ，削除した。

各章の設問は，設例の日時にかかわらず，全面的に現行法（改正後の法律）が適用されるものとして検討してもらいたい。

本書は，京都大学法科大学院における民法総合１・２・３（２年次・３年次）での授業教材を書籍として刊行するものであるが，初版・第２版の刊行時から，授業担当者はほぼ全面的に世代交代している。今回の改訂作業は，第２版を基礎に，これまでの授業担当者による考察や工夫の蓄積も反映しつつ，交代後の担当者が中心になって進めた。民法総合教材研究会編という表記をとったのは，こうした事情による。

第３版の刊行にあたっては，第２版までと同様，有斐閣京都支店の一村大輔氏に大変お世話になった。心からの感謝を申し上げる。

2023 年 8 月

執筆者一同

初版　はしがき

法科大学院が開設されて２年あまりが経過し，すでに第１期の卒業生が世に出ようとしている。この間，教育の現場では，文字どおり試行錯誤を繰り返しながら，新たな時代にふさわしい教育のあり方と手法が模索されてきた。本書は，そのような経験をふまえて作成された，法科大学院において民法の教育をおこなうための教材である。

＊　　　＊　　　＊

いうまでもなく，法科大学院では，法律家の養成に主眼をおいた教育をおこなうことが予定されている。しかし，法律家の養成のための教育とは，いったいどのようなものだろうか。それは，そもそも法律家とはどのような能力を備えた人間であると理解するかにかかっている。

まず，具体的なケースを前にして，そこでいったい何が法的に問題となり，それをどのような理由にもとづいて，いかに解決すればよいかということが的確に判断できなければ，およそ法律家とはいえない。したがって，法律家を養成するためには，何よりも，具体的なケースに即して適切な法的構成をおこなう能力を養うことが不可欠である。しかも，法科大学院では実務法曹の養成が求められている以上，訴訟においてそうした法的構成をおこなえるようにすることも必要となる。訴訟では，当事者が，何を請求するのかをあきらかにし，主張責任・立証責任をふまえながら，必要な主張をおこない，必要な事実を証明するというスタイルがとられる。したがって，法科大学院では，このような要件事実をふまえた法的構成力を養うことも要請されている。

ただ，法科大学院では，そうした実務法曹を養成することに直結した教育のみをおこなうことが求められているわけではない。実際に法律を使うためには，いわゆるノウハウ的な知識が不可欠である。各種の解説本や書式集，その他の実務書が重用されるのは，そのためである。しかし，そうした「実践的」な知識だけでは，危険である。その場その場はそれなりにうまくいっても，なぜそうでなければならないのかがわからないのでは，本当はそれではおかしいところでも，そのまま杓子定規にしたがってしまいかねない。さらに，そのような直接的な知識がないところでは，どうしてよいのかわからなくなって立ち往生するか，あらぬ方向へと走ってしまうおそれすらある。実践にたずさわる場合でも，そこでおこなわれることが何を意味し，そこにどのような限界があるのかということを理解する必要がある。そのためには，その背後にある「理論」を知らねばならない。法科大学院では，何よりも，そうした「実践」を支える「理論」を教えることが求められているといわねばならない。

＊　＊　＊

問題は，もちろん，このように「法律家の養成をめざした理論教育」をおこなう必要があるとしても，それを実際にどのようにおこなえばよいかである。

具体的なケースを素材にして，それを法的に分析するトレーニングをおこなうという場合，すぐに思い浮かぶのはいわゆる判例演習である。実際の裁判例を取り上げ，その基礎となった事案をふまえながら，判例の意義と射程を確定し，そこにふくまれる法的な問題点を批判的に検討することは，たしかに法的な思考を鍛えるのに役立つ。しかも，それは，とくにわれわれ法学者にとっては，判例評釈を通じてなじみの深い仕事でもある。

ただ，ある裁判例から判例法理を抽出するという作業と，具体的なケースを法的に構成し，解決するという作業とは，重なるところがあるとしても，その意味はやはり異なる。「法律家の養成」にとって，いずれも重要であるとしても，主眼がおかれなければならないのは，後者の側面だろう。しかも，実際の裁判例を素材にすると，どうしてもそこに示された法的構成を出発点とすることになり，みずからの知識と理解にもとづいて事実を法的に構成する練習をすることがむずかしくなる。「理論」を教えるという観点からいっても，主要な問題を広くカバーし，問題の所在をより深く理解するためには，実際の裁判例にしばられない方がよい場合も少なくない。

そこで，本書では，「実践」を支える「理論」を教えるという観点から取り上げるべき問題を取捨選択し，それをあつかうにふさわしい事例を作成するという方法を採用することとした。もちろん，そうした事例を作成する際には，実際の裁判例を参考にしている場合が少なくない。しかし，そのような場合でも，上記の観点から必要な補完・修正をくわえているため，もとの裁判例はあくまでも一つの手がかりにすぎなくなっている。こうした事例を前にして，みずからの知識と理解を総動員して検討をおこなうことによってこそ，法律家が備えるべき能力が鍛えられてゆくのではないだろうか。本書は，このような考慮から作成された教材にほかならない。

*　　　*　　　*

本書は，大きく分けると，二つの編からなる。

第一は，**問題編**である。ここでは，全体を三つの部に分けたうえで，それぞれについて主要なテーマごとに一つの章を立て，事例と設問等を用意している。

三つの部の編成は，民法典の編別とは異なっている。第Ⅰ部は契約法，第Ⅱ部は原状回復・民事責任，第Ⅲ部は債権の保全・回収・担保である。民法典と対比すると，第Ⅰ部は，主として民法総則の法律行為，債権総則の前半部分，契約総則と契約各則に相当する。第Ⅱ部は，権利救済法とでもいうべきものであり，物権法と不当利得，不法行為法に相当する。第Ⅲ部は，金融取引法とでもいうべきものであり，民法総則の消滅時効，担保物権，債権総則の後半部分におおむね相当する。このように，あえて民法典の編別にしたがわなかったのは，民法が実際に使われる場面に即した「問題」の体系として機能的に再構成した方が，具体的なケースを法的に構成する力を養い，そこで理論がはたす役割を実践的に学ぶという本書の目的にかなうと考えたからである。

テーマの選定と事例の作成にあたっては，上記の編別からもわかるように，さしあたり財産法にしぼり，理論的・実践的に重要と思われる問題を組み合わせて取り上げることにした。本書の目的からすると，民法の体系的な知識を網羅的に伝える必要はないと考えたからである。そうした知識は，むしろ，これまでの学習段階ですでにある程度修得していることを前提としている。さらに，本書では，とくに重要度が高いと考えられる問題については，重複をいとわず，少し角度を変えながら繰り返し学べるようにした。そうすることによってこそ，適切な法的構成をおこなう力が養われ，民法全体を支える理論の意味をよりよく理解できると考えたからである。

*　　　*　　　*

それぞれの章では，冒頭に事例をかかげ，それに続いてKeypoints，Questions，Checkpoints，Materialsをあげるという構成になっている。

Keypoints では，その章の事例において問われている中心的な問題点をあらかじめ提示している。これは，各章ごとのメイン・テーマにあたり，事例の検討を通じて学ぶべき理論的な問題の所在を示したものである。事例を検討するにあたっては，常にこの点に立ち返りながら理解を深めていただきたい。

Questions では，それぞれの事例を実際に解決する際に答えるべき設問をかかげている。そこでは，「誰が誰に対して何をどのように求めるか」という視角から設問を構成し，民法に関する体系的な知識を事例に即して実際に使えるようにするための方向づけをおこなうようにしている。設問が，しばしば，大問から小問へという階層構造をとっているのは，そうした方向づけを意識したためである。ただし，本書では，利用者がみずから考えるプロセスを何よりも重視しているため，設問はあくまでも方向づけにとどめ，あとは利用者の検討にゆだねることにしている。

Checkpoints[1)] では，それぞれの事例について，法的に意味があるかもしれない事実を区切って提示し，検討にあたって注意を喚起している。これは，Questions に答えるためのヒントの役割をはたすほか，とくに授業やグループで検討する際に，問題としている事実を明示するための手段としても役立つはずである。

Materials では，それぞれの事例を検討するうえで参考になる資料をかかげている。これはさらに，必読文献，参考文献，必読および参考判例からなる。

必読文献には，教科書に相当するものについて，その該当部分をあげている。これは，授業に際して，かならず事前に読んで準備してくることを前提としている。

参考文献は，A と B に分かれる。

参考文献 A は，その事例であつかわれる問題に関する基本的な文献または直接参考になる文献にあたる。これは，必読ではないとしても，教科書に書かれていることがよくわからなかったり，教科書だけでは答えに窮したりするような場合に，理解の手助けとなるだろう。

参考文献 B は，その問題ならびに関連問題について理解を深めるために参

1） 第3版では削除した。

考となる文献である。これは，さらに深く勉強したいと思ったときに，読んでもらえればというものである。それぞれの分野に関する重要な文献を厳選しているので，とくに研究に関心のある人たちには民法学の奥行きを知るうえで貴重な手がかりとなるだろう。

以上は，すべての章においてかならずかかげているが，参照すべき判例は，必要に応じてあげるにとどめている。そのうち，**必読判例**は，その事例を検討するうえでかならず参照すべき裁判例である。それに対して，**参考判例**は，必読ではないとしても，その事例のなかで出てくる問題について検討するうえで参考となる裁判例である。多くは，必読判例に関連する裁判例やその事例のなかで出てくる付随的な問題に関する裁判例であり，その事例を作成する際に参照した——したがってその事例を理解するうえで参考になる——裁判例であることもある。

＊　　＊　　＊

本書の特色は，以上の問題編に続き，さらに第二の編として，**実践編**[2)]を設けているところにある。

実践編では，契約法，原状回復・民事責任，債権の保全・回収・担保の各部から一つづつテーマを選び，問題編と同じ形式で事例と設問等をかかげたうえで，それぞれのQuesitonに即して具体的な質問とそれに対する応答を示している。先ほどの問題編だけでは，多くの読者にとって，それが実際にどのように使われるのか，なかなかイメージがつかみづらいに違いない。そこで，この教材を用いた授業が実際におこなわれるモデルを示したのが，この実践編である。実践編であげた三つの章は，大枠は共通しているとしても，各部の担当者がそれぞれのスタイルを生かして執筆したため，かなりニュアンスの違ったものとなっている。しかし，そうしたスタイルの違いを生かせるところにこそ，この教材の長所があるということもできるだろう。

実践編の執筆にあたっては，とりわけ，各Questionのもとで具体的におこなわれるべき問答，とりわけ問いの立て方に意を尽くした。法科大学院で用いられるソクラティック・メソッドでは，適切な問いを立てることが教育の実を

2）　第3版では削除した。

あげるために不可欠である。実践編にかかげた問答は，もちろん，筋書きのある想定問答でしかないとしても，実際に授業をおこなううえでなにがしかの参考になるだろう。ただし，そこで示されている答えは，不動の正解などというものではなく，明確な答えのない問題に対する一つの試論であったり，問題提起にとどまっている場合もあることに注意していただきたい。

また，実践編では，ポイントごとに，「※」印を付して，教える側が留意すべき事柄も明示しておいた。これは，シナリオでいえば演出家のためのト書きに相当するものであり，教える際にどの点に注意し，適切な答えをみちびけない場合にはどうすればよいかということなどを示したものである。おそらく，大多数の読者は学生であり，これまでこのような教育する側の留意点に接することはなかっただろう。しかし，教育の実をあげるためには，教育を受ける側も単に受け身にまわるだけでなく，何をどう学ぶべきかを主体的に考える必要がある。本書の指摘が，多くの読者にとって，そうした点に思いをはせるきっかけとなることを期待したい。

*　　　*　　　*

以上からもわかるように，本書は，法科大学院の授業，とりわけ2年次および3年次の双方向型授業で用いられることを想定して作られている。受講生が入念な予習のもとにQuestionsについて検討してきたうえで，教員からの質問に答えながら理解を深めてゆく。本書が予定しているのは，そのような利用形態であり，そうした場合にこそ，本書の目的がもっともよく実現されるというべきだろう。

もっとも，本書の利用方法は，それに尽きるものではない。たとえば，法科大学院では3年次におこなわれることの多い法文書作成の素材として本書の事例を用いることも考えられる。本書の事例は，理論的にも実践的にも重要な諸問題をその問題の所在がもっともよくあらわれるかたちに組み合わせたものばかりであり，民法の根幹にかかわる知識を深め，その応用力をためす格好の素材となっている。しかも，それはあくまでも実際の紛争に根ざした事例の形式をとり，当事者の請求と要件事実の構成を問うことのできるかたちになっている。法文書作成の素材として利用することは，十分可能だというべきだろう。

そのほか，もちろん，授業と離れて，少人数のグループで勉強会をおこなうための素材として本書を用いることも考えられる。実際，法的構成をおこなうための力を養うためには，それにふさわしい事例が必要となる。個人で勉強するときはもちろん，少人数で集まって勉強するときでも，もっとも頭を痛めるのが，そうした適切な事例を用意することである。本書は，多くの読者たちのそのような要望に応えるという面ももっている。「事例演習」は，さまざまなレベルでおこなうことができる。本書がそのための素材として広く用いられるならば，これにまさる喜びはない。

＊　　　＊　　　＊

本書の企画は，2001年春にさかのぼる。当時は，法科大学院の開設に向けた議論が具体化しはじめたころであり，京都大学大学院法学研究科でも，そのための準備をはじめる必要があることが意識されるようになった。そこで，民法のスタッフ――錦織成史，松岡久和，潮見佳男，山本敬三，横山美夏，佐久間毅，橋本佳幸――が集まって相談のうえ，法科大学院でおこなわれる授業のための教材を共同して作成することになった。

その後，2003年になって，京都大学法科大学院のカリキュラムが確定し，２年次前期に「民法総合１」(契約法)，２年次後期に「民法総合２」(原状回復・民事責任)，３年次前期に「民法総合３」(債権の保全・回収・担保) がおこなわれることが固まった。そこで，さしあたり各授業の初年度の担当者が責任者となってそれぞれの授業の教材を作成することになり，契約法は山本敬三，原状回復・民事責任は潮見，債権の保全・回収・担保は松岡がそれぞれの責任者となった。こうして，法科大学院が発足した2004年に，授業と並行して，まず本書の問題編第Ⅰ部と第Ⅱ部の素案が作成され，翌2005年に，第Ⅲ部の素案が作成された。

京都大学法科大学院では，発足後２年目からは一つの授業を複数の教員で担当することになった。そこで，その後は，この複数の担当者間で素案をさらに練り直し，それまでの経験をふまえて教材としての完成度を高めてゆくという方針をとることとした。具体的には，契約法は佐久間，原状回復・民事責任は山本豊，債権の保全・回収・担保は横山が，上記の各責任者とともに実際に授業をおこないながら，作業を進めることになった。このような共同作業をふまえて，2006年に入り，あらためて山本敬三，潮見，松岡が問題編第Ⅰ部から

第Ⅲ部を完成し，さらに相互の検討を経て実践編を追加することにより，できあがったのが本書である。

このように，本書は，もともと京都大学法科大学院において２年次および３年次の民法の授業をおこなうための教材として作成されたものであり，直接の執筆者は山本敬三，潮見，松岡であるとしても，京都大学民法スタッフのいわば合作である。実際，本書を作成する過程では，容易に答えの見いだせない難問を前にして，激論にいたることも稀ではなかった。そのような議論を通じて，われわれ自身，民法に関する理解が格段に深まったことも事実である。このような優れた同僚たちとともに，本書を作成するための共同作業をおこなうことができたのは，学者冥利に尽きるといわねばならない。

また，この教材は，すでに２年半にわたり，京都大学法科大学院の授業で使用されたものである。いうまでもなく，そこでのやり取りの結果が本書にも反映されている。こうした双方向型授業は，教える側にとってもはじめての経験であり，文字どおり試行錯誤の連続だった。そうしたなかで，毎回緊張感をもって熱心に参加してくれた学生諸君には，この場を借りてお礼の言葉を述べたい。本書は，これらの学生諸君との合作でもある。

以上に述べたように，本書は，企画をはじめてから５年あまりを経て，ようやく完成にこぎつけたものである。有斐閣京都支店の奥村邦男氏，土肥賢氏，一村大輔氏は，当初から本書の目的に理解を示していただき，遅々として進まぬ作業を暖かく見守りながら，本書が世に出る手助けをしていただいた。厚くお礼申し上げたい。

2006年8月

執筆者一同

著者紹介（執筆担当）

【民法総合教材研究会　構成員】

〈第 2 版までの執筆者〉

□**松岡久和**（まつおか　ひさかず）

立命館大学教授，京都大学名誉教授

□**潮見佳男**（しおみ　よしお）

元京都大学教授

□**山本敬三**（やまもと　けいぞう）

京都大学教授

〈第 3 版からの執筆者〉

□**横山美夏**（よこやま　みか）

京都大学教授

□**橋本佳幸**（はしもと　よしゆき）

京都大学教授

□**吉政知広**（よしまさ　ともひろ）

京都大学教授

□**木村敦子**（きむら　あつこ）

京都大学教授

□**西内康人**（にしうち　やすひと）

京都大学教授

□**長野史寛**（ながの　ふみひろ）

京都大学教授

□**和田勝行**（わだ　かつゆき）

京都大学教授

〈執筆分担〉

第Ⅰ部　山本敬三　吉政知広　木村敦子

第Ⅱ部　潮見佳男　西内康人　長野史寛

第Ⅲ部　松岡久和　横山美夏　橋本佳幸　和田勝行

目　　次

第Ⅰ部　契　　約

第Ⅱ部　原状回復・民事責任

第Ⅲ部　債権の保全・回収・担保

略 語 一 覧

1．書　籍

秋山ほか編著『債権法改正』　秋山靖浩＝伊藤栄寿＝宮下修一編著『債権法改正と判例の行方』（日本評論社，2021年）

磯村編『新注釈民法(8)』　磯村保編『新注釈民法(8)　債権(1)』（有斐閣，2022年）

大塚編『新注釈民法(16)』　大塚直編『新注釈民法(16)　債権(9)』（有斐閣，2022年）

鎌田ほか編著『民事法Ⅰ』　鎌田薫＝加藤新太郎＝須藤典明＝中田裕康＝三木浩一＝大村敦志編著『民事法　Ⅰ　総則・物権〔第2版〕』（日本評論社，2010年）

鎌田ほか編著『民事法Ⅱ』　鎌田薫＝加藤新太郎＝須藤典明＝中田裕康＝三木浩一＝大村敦志編著『民事法　Ⅱ　担保物権・債権総論〔第2版〕』（日本評論社，2010年）

鎌田ほか編著『民事法Ⅲ』　鎌田薫＝加藤新太郎＝須藤典明＝中田裕康＝三木浩一＝大村敦志編著『民事法　Ⅲ　債権各論〔第2版〕』（日本評論社，2010年）

窪田編『新注釈民法(15)』　窪田充見編『新注釈民法(15)　債権(8)』（有斐閣，2017年）

佐久間『総則』　佐久間毅『民法の基礎1　総則〔第5版〕』（有斐閣，2020年）

佐久間『物権』　佐久間毅『民法の基礎2　物権〔第3版〕』（有斐閣，2023年）

潮見『基本講義Ⅰ』　潮見佳男『基本講義　債権各論Ⅰ〔第4版〕』（新世社，2022年）

潮見『基本講義Ⅱ』　潮見佳男『基本講義　債権各論Ⅱ〔第4版〕』（新世社，2022年）

潮見『新契約各論Ⅰ』　潮見佳男『新契約各論Ⅰ』（信山社出版，2021年）

潮見『新契約各論Ⅱ』　潮見佳男『新契約各論Ⅱ』（信山社出版，2021年）

潮見『新債権総論Ⅰ』　潮見佳男『新債権総論Ⅰ』（信山社出版，2017年）

潮見『新債権総論Ⅱ』　潮見佳男『新債権総論Ⅱ』（信山社出版，2017年）

潮見編『新注釈民法(19)』　潮見佳男編『新注釈民法(19)　相続(1)』（有斐閣，2019年）

潮見『プラクティス』　潮見佳男『プラクティス民法　債権総論〔第5版補訂〕』（信山社出版，2020年）

潮見ほか編『詳解改正民法』　潮見佳男＝千葉恵美子＝片山直也＝山野目章夫編『詳解改正民法』（商事法務，2018年）

司研『新問題研究』　司法研修所編『改訂　新問題研究　要件事実』（法曹会，2023年）

司研『手引／事実摘示』　司法研修所編『10訂　民事判決起案の手引〔補訂版〕』巻末別冊「事実摘示記載例集――民法（債権関係）改正に伴う補訂版」（法曹会，2020年）

司研『紛争類型別』　司法研修所編『紛争類型別の要件事実〔4訂〕』（法曹会，2023年）

司研『要件事実Ⅰ』　司法研修所編『民事訴訟における要件事実　第1巻〔増補版〕』(法曹会，1986年)

司研『要件事実Ⅱ』　司法研修所編『民事訴訟における要件事実　第2巻』(法曹会，1992年)

瀬川ほか編『民事責任法』　瀬川信久＝能見善久＝佐藤岩昭＝森田修編『民事責任法のフロンティア』(有斐閣，2019年)

筒井＝村松編著『一問一答』　筒井健夫＝村松秀樹編著『一問一答 民法（債権関係）改正』(商事法務，2018年)

道垣内『担保物権法』　道垣内弘人『担保物権法〔第4版〕』(有斐閣，2017年)

中田『契約法』　中田裕康『契約法〔新版〕』(有斐閣，2021年)

中田『債権総論』　中田裕康『債権総論〔第4版〕』(岩波書店，2020年)

中野＝下村『民事執行法』　中野貞一郎＝下村正明『民事執行法〔改訂版〕』(青林書院，2021年)

橋本ほか『民法Ⅴ』　橋本佳幸＝大久保邦彦＝小池泰『民法Ⅴ　事務管理・不当利得・不法行為〔第2版〕』(有斐閣，2020年)

広中＝星野編『百年Ⅰ』　広中俊雄＝星野英一編『民法典の百年Ⅰ　全般的観察』(有斐閣，1998年)

広中＝星野編『百年Ⅱ』　広中俊雄＝星野英一編『民法典の百年Ⅱ　個別的観察(1)総則編・物権編』(有斐閣，1998年)

広中＝星野編『百年Ⅲ』　広中俊雄＝星野英一編『民法典の百年Ⅲ　個別的観察(2)債権編』(有斐閣，1998年)

松岡『担保物権法』　松岡久和『担保物権法』(日本評論社，2017年)

水野ほか『判旨から読み解く』　水野謙＝古積健三郎＝石田剛『〈判旨〉から読み解く民法』(有斐閣・2017年)

安永『物権・担保物権法』　安永正昭『講義 物権・担保物権法〔第4版〕』(有斐閣，2021年)

山本編『新注釈民法⒁』　山本豊編『新注釈民法⒁　債権(7)』(有斐閣，2018年)

山本『民法講義Ⅰ』　山本敬三『民法講義Ⅰ総則〔第3版〕』(有斐閣，2011年)

山本『民法講義Ⅳ$_1$』　山本敬三『民法講義Ⅳ-$_1$契約』(有斐閣，2005年)

吉村『不法行為法』　吉村良一『不法行為法〔第6版〕』(有斐閣，2022年)

2．判例集

民集　最高裁判所民事判例集

判時　判例時報

判タ　判例タイムズ

高民集　高等裁判所民事判例集

新聞　法律新聞

裁時　裁判所時報

3．判例評釈誌

最判解平成（昭和）○年度　法曹会編『最高裁判所判例解説　民事篇　平成（昭和）○年度』（法曹会）

百選Ⅰ　潮見佳男＝道垣内弘人編『民法判例百選Ⅰ〔第9版〕（別冊ジュリスト262号）』（有斐閣，2023年）

百選Ⅱ　窪田充見＝森田宏樹編『民法判例百選Ⅱ〔第9版〕（別冊ジュリスト263号）』（有斐閣，2023年）

百選Ⅲ　大村敦志＝沖野眞已編『民法判例百選Ⅲ〔第3版〕（別冊ジュリスト264号）』（有斐閣，2023年）

平成（昭和）○年度重判解　ジュリスト臨時増刊『平成（昭和）○年度重要判例解説』（ジュリスト△号）

リマークス○号（○）　『私法判例リマークス第○号（○年）上・下』（法律時報別冊）（日本評論社）

4．定期刊行物

NBL　NBL

金判　金融・商事判例

金法　金融法務事情

ジュリ　ジュリスト

曹時　法曹時報

法教　法学教室

法時　法律時報

民商　民商法雑誌

LAW　Law and Practice（早稲田大学大学院法務研究科　臨床法学研究会）

論ジュリ　論究ジュリスト

第Ⅰ部　契　　　約

I－1 契約の締結と合意の瑕疵

2021年2月ごろ，Xは，現在住んでいるアパートが手狭になったことから，京都市内に中古マンションを購入しようと考えていたところ，下鴨神社の近くに中古マンション甲が売りに出されていることを知った。甲は，全部で16戸からなる4階建ての建物で，信用金庫Yが社宅として所有していたが，折からの不況のため，社員の福利厚生施設を整理することにし，分譲マンションとして売却しようとしていたものだった。そこで，同年3月1日に，Xが，Yの担当者Aと会って具体的な契約条件を聞いてみると，甲の4階部分（$甲_4$）は，同程度のマンションと比べると値段が1割ほど高い2500万円であったが，南東側のベランダから大文字と比叡山を一望にでき，眺望が抜群であるからだとのことだった。Xはその説明に納得したが，甲の南東側に広い空き地乙があったため，Aに「ここの空き地にマンションでも建てば，せっかくの景色も台無しですね。」と尋ねたところ，その空き地は国有地で，公園を作る計画になっているとのことだった。Xは，甲の眺望の良さが非常に気に入ったが，同年3月10日に，念のため隣の空き地の登記も調べてみると，たしかに国有地になっていることがわかった。そこで，Xは，同年3月15日にあらためてAと連絡を取り，「眺めがとても気に入りましたので，$甲_4$を購入したいと思います。」と伝え，さらに細部について交渉を重ねたうえで，同年4月1日に，$甲_4$を2500万円で購入する旨の契約を締結し，手付として500万円をYに支払った。

その後，同年5月1日に，Xは残代金2000万円の支払と引換えに，$甲_4$の引渡しを受け，$甲_4$に入居して，毎日自宅からの眺めを楽しんでいたが，2022年4月ごろになって，甲の南東側の空き地乙で工事が始まった。Xは，公園造成工事が始まったと思っていたが，深いボーリング工事が始まったのをみて不審に思い，同年5月ごろに，工事現場で聞いてみると，甲よりも高層のマンションが建つとのことだった。驚いたXがあらためて調べたところ，Xが甲を購入してから3か月後の2021年7月1

日に，乙が不動産業者Kに払い下げられ，しかも，同年3月10日に払下げを行う方向で手続が始まり，その時点でYも手続が始まった事実を把握したことがわかった。

Xは，乙に高層マンションが建っては甲$_4$を買った意味がなく，住環境も悪化するうえ，何よりYの不誠実な態度が許しがたいと考え，2022年7月1日に，Yに対し，甲$_4$を返却するので支払った代金2500万円を返すよう求めた。

Keypoints

1 契約を締結し，履行が完了した後になって，契約締結過程に瑕疵があることが判明した場合に，すでに履行した給付の返還を求めるためには，どのような法律構成が考えられるか。

2 不動産の売買契約において，眺望の良否にかかわる情報につき，売主は買主に対し何をどこまで伝えるべき義務があると考えられるか。

Questions

(1) Xは，Yとの契約を取り消したとして，支払済代金2500万円の返還を請求することができるか。

(a) Xは，錯誤を理由に契約を取り消すことができるか。

(ア) 本件において，Xにはどのような錯誤があると考えられるか。

(イ) Xが錯誤を理由に契約を取り消すには，どのような要件が備わる必要があるか。

(ウ) それに対して，Yは，どのような抗弁を主張する可能性があるか。

(エ) 売買代金が2200万円であった場合，何らかの違いがあるか。

(b) Xは，詐欺を理由に契約を取り消すことができるか。

(c) Xは，消費者契約法にもとづいて契約を取り消すことができるか。

(ア) XY間の契約は消費者契約といえるか。

(イ) XY間の契約が消費者契約であるとして，Xが契約を取り消すための根拠となる規定は何であり，どのような要件が備わる必要があるか。

(2) Xは，目的物が契約の内容に適合しないものであることを理由にYとの契約を解除し，支払済代金2500万円の返還を請求することができるか。

Materials

1）　**必読文献**

□佐久間『総則』148〜176 頁，197〜207 頁

□山本『民法講義Ⅰ』178〜234 頁，278〜299 頁【2017 年民法改正，2018 年消契法改正未対応】

2）　**参考文献 A**

□山本敬三「事実錯誤（基礎事情錯誤）と民法 95 条 2 項の『表示』」磯村保ほか編『法律行為法・契約法の課題と展望』（成文堂，2022 年）1 頁

□山本敬三「『動機の錯誤』に関する判例法の理解と改正民法の解釈」法学論叢 182 巻 1＝2＝3 号（2017 年）38 頁

□山本敬三「消費者契約法の改正と締結過程の規制の見直し」同『契約法の現代化Ⅱ——民法の現代化』（商事法務，2018 年）268 頁（初出 2013 年）【2018 年消契法改正未対応】

3）　**参考文献 B**

□森田修『「債権法改正」の文脈——新旧両規定の架橋のために』（有斐閣，2020 年）第 1 章「錯誤——要件論の基本構造を中心に」

□森田宏樹「民法 95 条（動機の錯誤を中心として）」広中＝星野編『百年Ⅱ』141 頁

4）　**必読判例**

□①最判平成 28 年 1 月 12 日民集 70 巻 1 号 1 頁〔百選Ⅰ 22〕

5）　**参考判例**

□①最判平成 28 年 12 月 19 日判時 2327 号 21 頁

□②最判平成 23 年 4 月 22 日民集 65 巻 3 号 1405 頁〔百選Ⅱ 4〕

I−2 代理による契約の締結

Aは，建設資材の取次業を営んでいたが，折からの不況のため，資金繰りに窮するようになり，取引先Yに対する1億円の債務を期日（2021年3月31日）に弁済できなくなった。そこで，Aは，2021年4月1日に，Yに懇請して，2週間の猶予を取り付けたうえで，母親Xに支援を乞うことにした。Xは，夫と死別した後，夫の遺産として自宅のほか甲土地（現況は空き地となっている）を相続し，近くに住むAの弟Bの介護を受けながら暮らしていた。Aは，事態を正直に伝えるとうまくいかないと考え，同年4月7日にX宅を訪れ，Xに対し，新たに事業を拡張するため，知人Yから運転資金を借り入れる必要が生じたと説明し，ついてはどうしても担保が必要なため，Xが所有する甲に抵当権を設定してもらえないかと頼み込んだ。Xは，老齢のため，込み入った話は理解できず，Aが絶対に迷惑をかけることはないと力説することもあって，その場でAの依頼を了承し，Aのいうままに，ⓐ甲についての登記識別情報通知書とⓑXの実印およびⓒ印鑑証明書のほか，ⓓ委任事項と受任者欄を空欄にしたXの記名押印のある委任状をAに交付した。

その後，同年4月12日に，Aは，Yに対し，ⓐ～ⓓを示しながら，母親Xから甲の処分について一任を受けたことを告げ，Yと協議したところ，Aの債務の弁済に代えて，甲をYに譲渡することになった。そこで，同年4月16日に，Aは，Xを代理して，AのYに対する1億円の債務の弁済に代えて，Xが甲をYに譲渡する旨の契約を締結し，甲について所有権移転登記も経由された。

Q(1) 2021年7月1日になって，BがXから事情を伝え聞き，急いでAに問い合わせたところ，すでに甲がYに売却されていることが判明した。この場合に，Xは，Yに対し，甲の返還を求めることができるか。

Q(2) Yがすでに2021年6月1日に甲をZに転売し，登記もZに移転していることが判明した場合はどうか。

Keypoints

1 代理人が関与して契約が締結された場合に，本人と相手方との間に契約が有効に成立するためには，どのような要件が備わる必要があるか。

2 代理人がその契約について代理権を有しているとはいえない場合に，相手方が表見代理の成立を主張するためには，どのような要件が備わる必要があるか。

3 相手方がさらに契約により目的物を第三者に譲渡していた場合に，本人がその第三者に目的物の返還を求めるための法律上の根拠は何か。その場合に，本人と相手方との間で無権代理ないし表見代理に相当する事実があったことは，どのようなかたちで問題となるか。

Questions

(1)　Xは，Yに対し，甲の返還を求めることができるか。

(a)　XがYに対して「甲の返還を求める」とは，具体的に何を意味するか。また，その返還を求めるための法律上の根拠およびその要件は何か。

(b)　Xの返還請求を拒絶するためには，Yはどのような主張を行う可能性があるか。

(ア)　Xが甲をYに譲渡する旨の契約が成立し，その効果がXに帰属しているといえるためには，どのような要件が必要か。

(イ)　109条1項による表見代理が成立するためには，どのような要件が必要か。本件ではその要件をみたしているか。その際，Aが，ⓓ委任状をYに示したときに，委任事項と受任者欄を空欄にしたままだったか，Aが委任事項に「甲の処分に関する一切の事項」，受任者欄に「A」と書き込んだうえで示したかどうかで，違いがあるか。

(ウ)　110条による表見代理が成立するためには，どのような要件が必要か。本件ではその要件をみたしているか。Aが，ⓓ委任状をYに示した際に，委任事項と受任者欄を空欄にしたままだったか，Aが委任事項に「甲の処分に関する一切の事項」，受任者欄に「A」と書き込んだうえで示したかどうかで，違いがあるか。また，この場合に，甲の時価が1億円程度，1億2000万円程度，2億円程度だったかで，違いがあるか。そのほか，Yが，資材の販売業者だったか，不動産業者だったか，金融業者だったかで，違いがあるか。

(c) Ｙの主張をしりぞけるためには，Ｘはどのような主張を行う可能性があるか。

(2) Ｙがすでに甲をＺに転売し，登記もＺに移転していることが判明した場合に，Ｘは，Ｚに対し，甲の返還を求めることができるか。

(a) ＸがＺに対して甲の返還を求めるための法律上の根拠およびその要件は何か。

(b) Ｘの返還請求を拒絶するためには，Ｚはどのような主張を行う可能性があるか。

(ア) Ｚは，誰と誰との間で甲の処分が行われたことを主張すればよいか。

(イ) Ｚは，表見代理の成立を主張することができるか。

(ウ) そのほかに，ＺがＸの返還請求を拒絶するための法律構成として，どのようなものが考えられるか。その際，ＹがＡと協議するときに，譲受けの手続と譲り受けた後の処分方法に関して相談するために不動産業者Ｚに同席してもらい，Ｚのアドバイスにしたがって，ＹがＸから甲を譲り受けたうえで，甲を１億2000万円でＺに売却したという事情があったとした場合に，この事情は意味をもつか。

Materials

1） 必読文献

□佐久間『総則』231～297頁

□山本『民法講義Ⅰ』345～373頁，402～433頁【2017年民法改正前】

□司研『新問題研究』53～68頁，85～95頁

2） 参考文献Ａ

□司研『要件事実Ⅰ』67～110頁【2017年民法改正前】

□安永正昭「判批・最判昭和51年6月25日（必読判例①）」平井宜雄編『民法の基本判例〔第2版〕』（有斐閣，1999年）32頁

□佐久間毅「判批・最判平成18年2月23日（必読判例②）」NBL 834号（2006年）18頁

□中舎寛樹「民法94条の機能」同『表見法理の帰責構造』（日本評論社，2014年）243～254頁（初出：内田貴＝大村敦志編『民法の争点』（有斐閣，2007年）65頁）

3） 参考文献Ｂ

□佐久間毅『代理取引の保護法理』（有斐閣，2001年）87～260頁

□中舎寛樹「無権利者からの不動産の取得」同・前掲書 163～210 頁（初出：広中＝星野編『百年Ⅰ』397 頁）

4）必読判例

□①最判昭和 51 年 6 月 25 日民集 30 巻 6 号 665 頁〔百選Ⅰ 29〕

□②最判平成 18 年 2 月 23 日民集 60 巻 2 号 546 頁〔百選Ⅰ 21〕

Ⅰ－3 契約当事者の確定

Aは，1977年12月9日に，損害保険会社Xと損害保険代理店委託契約を締結し，Xの損害保険代理店となった。その後，1986年6月19日に，Aは，保険契約者から収受した保険料のみを入金する目的で，信用組合Yに「X代理店A」名義の普通預金口座αを開設し，口座の通帳・届出印を管理していた。

Aは，Xとの代理店委託契約にしたがい，Xを代理して保険契約を締結し，保険契約者から保険料を収受してX名義の領収書を作成し，保険契約者に交付するという業務を行い，保険料として収受した金銭を預金口座αに入金するまで，他の金銭と混同しないよう，専用の金庫ないし集金袋で保管していた（収受した金銭はすべて預金口座αに入金され，保険料以外の金銭が入金されたことはない）。Aは，毎月15日ごろにXから送付されてくる前月分の保険料請求書にしたがい，毎月20日ごろに預金口座αから前月分の保険料相当額の払戻しを受け，そこから請求書に記載された代理店手数料を控除した額の金銭をXに送金していた。そのほか，預金口座αに生じた預金利息は，Aが取得していた。

(1) Aの業績が悪化し，1998年5月6日に，二度目の不渡手形を出すことが確実になったため，その直前にAは，Xに預金口座α（残高342万円）の通帳・届出印を交付した。そこで，Xは，翌5月7日に，Yに，この預金（以下では預金債権甲という）の全額の払戻しを請求したところ，Yは，前日中に，Aに対する貸金債権乙と預金債権甲を相殺する旨の意思表示をしたとして，Xの請求を拒絶した。なお，Yの約款によると，Aが手形交換所の取引停止処分を受けたときや預金債権について差押命令が発送されたとき等には，Aは貸金債務について期限の利益を喪失し，Yはただちに相殺をすることができる旨が定められていた（以下では本件相殺条項という）。

(2) 1998年5月6日に，Aの債権者Gが預金債権甲を差し押さえ，甲を取り立てようとしたのに対して，Yは，相殺により預金債権甲はすでに消滅したと主張した。

Keypoints

1 預金の原資の帰属者と実際に預金契約の締結行為をした名義人とが異なる場合に，預金契約における預金者は誰であり，預金債権は誰に帰属すると考えるべきか。

2 預金債務者（金融機関）が預金者以外の者に弁済をしたり，預金者以外の者に対して有する債権と預金債権を相殺したりした場合に，預金債務者は免責される可能性があるか。

3 預金債権が差し押さえられた場合に，預金債務者（金融機関）は，預金者（または預金者以外の者）に対して有する反対債権で預金債権を相殺することができるか。

Questions

(1) Xは，Yに対し，預金債権甲の払戻しを請求することができるか。

(a) Xは，自らが預金債権甲の預金者であると主張することができるか。

(b) かりに預金者はAであるとされる場合，XがYに預金債権甲の払戻しを請求するためにどのような法律構成が考えられるか。

(c) かりに預金者はXであるとされる場合，Yは相殺により預金債権甲の払戻しを拒絶することができるか。

(2) 1998年5月6日に，Aの債権者Gが預金債権甲を差し押さえ，甲を取り立てようとしたのに対して，Yは，相殺により預金債権甲の弁済を拒絶することができるか。

(a) GがYに対し預金債権甲の支払を請求するためには，どのような要件が備わる必要があるか。

(b) Yは，相殺により預金債権甲の弁済を拒絶することができるか。本件相殺条項が定められているか否かによって何らかの違いがあるか。

Materials

1） 必読文献

□山本『民法講義Ⅳ$_1$』56〜70頁

□潮見『プラクティス』326〜358頁，437〜449頁

□森田宏樹「判批・最判平成15年2月21日（必読判例①）」平成15年度重判解83頁

2） 参考文献A

□潮見佳男「損害保険代理店の保険料保管専用口座と預金債権の帰属——契約当事者レベルでの帰属法理と責任財産レベルでの帰属法理(上)(下)」金法1683号39頁，1685号43頁（各2003年）

□潮見『新債権総論Ⅱ』202～239頁，295～328頁

3） 参考文献B

□安永正昭「預金者の確定と契約法理」石田喜久夫＝西原道雄＝高木多喜男先生還暦記念論文集・下巻『金融法の課題と展望』（日本評論社，1990年）161頁

□安永正昭「判批・最判平成15年6月12日（参考判例③）」民商130巻4＝5号（2004年）830頁

□岩原紳作＝森下哲朗「預金の帰属をめぐる諸問題」金法1746号（2005年）24頁

□岩原紳作「預金の帰属——預金者の認定と誤振込・振り込め詐欺等」同『金融法論集(上) 金融・銀行』（商事法務，2017年）263頁（初出：江頭憲治郎先生還暦記念『企業法の理論〔下巻〕』（商事法務，2007年））

□森田宏樹「振込取引の法的構造——『誤振込』事例の再検討」中田裕康＝道垣内弘人編『金融取引と民法法理』（有斐閣，2000年）123頁

4） 必読判例

□①最判平成15年2月21日民集57巻2号95頁〔百選Ⅱ 64〕

5） 参考判例

□①最判昭和48年3月27日民集27巻2号376頁

□②最判平成14年1月17日民集56巻1号20頁

□③最判平成15年6月12日民集57巻6号563頁

I－4　契約の履行と受領障害

精肉会社Xは，2021年7月に取引先からいくつかの大口の注文が入ることが予想されたので，滋賀県の畜産業者Yより冷凍近江牛1トンを500万円で買い付けることにし，同年4月1日に，引渡期日を同年6月末日，引渡場所を「彦根市○町のY社の第一倉庫」，代金の支払期日を「引渡日の翌月10日」と記載した発注書をYにFAXで送付した。同日，Xからの発注書を受け取ったYがXに電話で注文内容を確認したところ，Xが7月に牛肉が必要となるから6月末日に自社のトラックで引き取りに行くと説明をしたので，YはXの発注を受ける旨の返事をした。

Yは，同年6月下旬に，冷凍近江牛1トン甲を準備して，自社の第一倉庫に取り分けた上で，同年6月28日に，Xに牛肉の準備が整った旨の連絡をした。しかし，Xの担当者は，取引先との折り合いがつかないので少し待ってほしいなどというばかりで，結局，翌々日6月30日にXが牛肉を引き取りにYの第一倉庫に現れることはなかった。Yは，同年7月5日に再びXに連絡を取り，牛肉をYの第一倉庫に保管しているので引き取りに来てほしいと告げたが，Xの担当者は，取引先との折り合いがついたら取りに行くなどと返事をするだけであった。Yは，別の取引先に納品する商品などを準備する必要があったため，ひとまず，Xに納品するはずであった冷凍近江牛1トン甲を，彦根市内の運送業者Aに預けることとし，同年7月8日に，甲をAに引き渡した。Aは，Yが取り扱っている牛肉の運搬や保管をこれまでにも何度か依頼したことのある業者であった。甲を受け取ったAは，彦根市内にある冷蔵用倉庫にYから預かった甲を保管していた。その後，さらに3週間ほどが経ってもXから連絡がなかったため，このままでは埒があかないと考えたYは，Aに預けてあった甲を引き上げることを決め，同年7月30日にその旨をAに伝えたところ，その5日前からAの倉庫の冷蔵設備が故障したため，甲も腐敗してしまっていたことが判明した。その後，Aは，この事件の影響のため，支払不能状態におちいり，夜逃げしてしまっている。

Keypoints

1 契約上の債務の履行について条件や期限が付されている場合に，債権者が債務者に対しその履行を請求するためには，どのような要件が備わる必要があるか。

2 契約の締結後，債権者が債務の履行を受けることを拒んだため，債務が弁済されない状態が続いている間に，給付を予定していた物が滅失した場合，債権者は，債務者に対し，なお債務の履行を請求することができるか。また，この場合に，債権者は，債務者に対し，債務不履行を理由として損害賠償を請求することができるか。

3 この場合に，債務者は，債権者に対し，債務不履行を理由として損害賠償を請求することができるか。

Questions

(1)　Xは，Yに対し，どのような請求をすることができるか。

(a)　Xは，取引先との折り合いが最終的についたとして，2021年8月2日になってから，冷凍近江牛1トンを引き渡すようYに対して請求した。

(ア)　XがYに対し，牛肉の引渡しを請求するためには，どのような要件が備わる必要があるか。この場合において，牛肉の引渡期日の定めはどのような意味をもつか。

(イ)　Xの請求に対して，Yは，同時履行の抗弁を主張することができるか。

(ウ)　Yは，甲が腐敗したことを理由に，Xの請求を拒絶することができるか。

(エ)　Yは，Xとの契約を解除することにより，Xの請求を拒絶することができるか。

(b)　Xの引渡請求にYが応じなかった場合，Xは，Yに対して損害賠償を請求することができるか。

(ア)　この場合，Yに債務不履行があるといえるか。

(イ)　Yに債務不履行があるとした場合，Yは，Xの損害賠償請求を拒絶するために，どのような主張をする可能性があるか。

(2)　Yは，2021年8月2日に，Xに対し，どのような請求をすることができきるか。

(a)　Yは，Xに対し，牛肉の代金500万円の支払を請求することができるか。

(ア)　YがXに対し，代金の支払を請求するためには，どのような要件が備わる必要があるか。この場合において，代金の支払期日の定めはどのような意味をもつか。

(イ)　Yの請求に対して，Xは，同時履行の抗弁を主張することができるか。

(ウ)　Xは，甲が腐敗したことを理由に，Yの請求を拒絶することができるか。

(b)　Yは，Xの債務不履行を理由として，損害賠償を請求することができるか。

Materials

1）　必読文献

□中田『債権総論』47〜56頁，164〜170頁，231〜240頁，350〜376頁
□潮見『プラクティス』23〜30頁，64〜78頁，94〜106頁，275〜302頁
□中田『契約法』147〜171頁，192〜216頁
□山本『民法講義Ⅳ$_1$』20〜25頁，74〜100頁【2017年民法改正未対応】
□司研『新問題研究』1〜18頁，30〜35頁
□司研『紛争類型別』1〜26頁

2）　参考文献A

□潮見『新債権総論Ⅰ』208〜223頁，273〜310頁
□潮見『新債権総論Ⅱ』28〜68頁
□田中洋「種類債権の特定」秋山ほか編著『債権法改正』73頁（初出：法時91巻1号（2019年））

3）　参考文献B

□森田宏樹「履行補助者責任の再検討」同『契約責任の帰責構造』（有斐閣，2002年）65頁【2017年民法改正前】
□松本博之「法律行為の内容に関する証明責任について」同『証明責任の分配――分配法理の基礎的研究〔新版〕』（信山社，1996年）104〜133頁（初出：大阪市立大学法学雑誌29巻4号，30巻1号・2号（1983〜1984年））

4）　参考判例

□①最判昭和30年10月18日民集9巻11号1642頁〔百選Ⅱ 1〕
□②最判昭和46年12月16日民集25巻9号1472頁〔百選Ⅱ 49〕

Ⅰ－5　契約の履行不能と解除・危険負担

資産家Xは，郷土の町おこしのために，郷土の著名な法学者Kの記念館を建設することを思い立ち，2020年8月ごろに，建設業者Yに相談した。Yは，Xの希望を受けて調査を行った結果，Kの生家甲が現在は空き家として残っていたことがわかったので，2021年2月1日に，Xに対し，甲を買い取り，これを記念館の建設予定地に移築して，記念館に改装することを提案した。Xはこれを了承し，2021年4月1日に，報酬総額10億円（建設費積算9億円およびYの報酬1億円）で，記念館の建設および開設に関する一切の仕事をYに委託する旨の契約を締結した。その際，2022年3月31日までに記念館を竣工のうえXに引き渡すこととされ，契約時にXがYに3億円を支払うほか，甲の移築完了時に3億円，記念館の引渡時に4億円を支払うことが約定された。この約定にしたがい，2021年4月1日に，XはYに3億円を支払った。

その後，Yは，甲の所有者Aと甲の買取りについて交渉を重ねたが，Aが強く難色を示したため，2021年6月1日に，Xの了承を得て，甲の代金を当初の予定額よりも2000万円上乗せして1億円とし，契約時に即金でAに支払うことを提案した結果，ようやくAの承諾を取り付けることができた。そこで，2021年7月1日に，Yは，Xを代理して，Aから甲を1億円で買い取る旨の契約をAと締結し，同日，甲の代金として，Xから受け取っていた3億円のなかからAに1億円を支払った。その際，甲はYが解体したうえで移築するものとされ，甲の解体・移築作業は同年末までに行い，移築が完了するまで甲の敷地をYが利用することが了承された。

その後，Yは，2021年7月10日から，甲の解体作業の準備にとりかかり，甲の部材を保存するために，Aの了承を得て甲の敷地内にプレハブの倉庫乙を建築した。そして，2021年8月10日に，Aから甲の引渡しを受けて，甲の内装部分の解体に着手し，取り外した部材を分類・整理のうえ，乙に保存することとされた。

Q(1)　2021年8月1日に，甲の隣にあったAの自宅から出火し，延焼した結果，甲および乙が焼失してしまった。この場合に，Xは，Aに対して，甲の代金として支払われた1億円の返還を求めることができるか。

Q(2)　Yが甲の解体作業を進め，2021年11月30日に，甲の構造部分もふくめた解体作業をすべて完了したとする。その翌日12月1日に，甲の隣にあったAの自宅から出火し，延焼した結果，乙に保存されていた甲の部材がすべて焼失してしまった。このため，結局，記念館の建設計画も事実上頓挫することになった場合に，Xは，Yに対して，契約時にYに支払った3億円の返還を求めることができるか。

Keypoints

1 売買契約において，契約を締結した後に目的物が滅失した場合に，買主は売主に対し，すでに支払った売買代金の返還を請求することができるか。

2 請負契約において，契約を締結した後に仕事を完成することができなくなった場合に，注文者は，請負人に対し，すでに支払った請負代金の返還を請求することができるか。また，この場合に，請負人は，注文者に対し，請負代金，履行済みの仕事に要した費用の支払を請求することができるか。

Questions

(1)　2021年8月1日に甲および乙が焼失した場合，Xは，Aに対して，甲の代金として支払われた1億円の返還を請求することができるか。

(a)　XがAに対して代金の返還を請求するための法律上の根拠として，どのようなものが考えられるか。

(ア)　Xは，Aとの契約を解除することにより，Aに代金の返還を請求することができるか。

(イ)　Xは，危険負担制度の下で，Aに代金の返還を請求することができるか。

(b)　AがXの返還請求を拒絶するためには，どのような主張を行う可能性があるか。その際，Aの自宅から出火した原因が，ⓐ落雷による場合，ⓑYの従業員が工事現場で不要品を燃やしていたたき火の火の粉が飛び移ったことによる場合，ⓒ工事の様子を見に来たXのタバコの不始末による場合で，異なるか。

⑵　2021年12月1日に乙に保存されていた甲の部材がすべて焼失した場合，Xは，Yに対して，契約時に支払った3億円の返還を請求することができるか。

⒜　XがYに対して3億円の返還を請求するための法律上の根拠として，どのようなものが考えられるか。

㋐　Xは，Yとの契約を解除することにより，Yに3億円の返還を請求することができるか。

㋑　Xは，危険負担制度の下で，Yに3億円の返還を請求することができるか。

⒝　Yは，Xの返還請求を拒絶するために，どのような主張を行う可能性があるか。

㋐　Yは，契約時にXから受け取った3億円全額について返還を拒絶することができるか。Aの自宅から出火した原因が，上記⑴⒝ⓐⓑⓒのいずれであるかによって，異なるか。

㋑　Yは，甲の代金としてAに支払った1億円について返還を拒絶することができるか。

㋒　Yは，①甲の解体工事にかかった費用（7000万円とする）について，また，甲の買取りおよび解体作業が計画全体の20%程度を占めるとして，②完成した仕事に対する報酬として2000万円について返還を拒絶することができるか。

Materials

1）　必読文献

□中田『契約法』162～171頁，192～233頁，503～524頁

□山本『民法講義Ⅳ$_1$』121～150頁，151～202頁，642～674頁【2017年民法改正未対応】

2）　参考文献A

□潮見『新債権総論Ⅰ』551～630頁

□潮見『新契約各論Ⅱ』260～269頁

3）　参考文献B

□山本敬三「民法改正と要件事実――危険負担と解除を手がかりとして」同『契約法

の現代化Ⅲ――債権法改正へ』（商事法務，2022年）291頁（初出2016年）【2017年民法改正成立前】

□森田宏樹『債権法改正を深める――民法の基礎理論の深化のために』（有斐閣，2013年）第2章「双務契約における一方の債務と反対給付債務の牽連性」【2017年民法改正成立前】

4）参考判例

□①最判昭和56年2月17日判時996号61頁

Ⅰ－6　契約不履行による損害賠償責任Ⅰ

造船会社Xは，2020年6月1日に，外国の海運会社Zと，外洋船甲（ロイド船級規格）を代金22億円で建造し，2021年3月31日に引き渡す旨の契約を締結した。それによると，Zは契約時に5億円，甲の進水予定日（2021年3月1日）に5億円，残金12億円は甲の引渡しと引換えに支払うこととされ，引渡しが遅延した場合，XはZに1日につき100万円の遅延賠償を支払い，遅延が100日を超えた場合，Zは契約を解除できる旨が約定された。そこで，Zは，この約定にしたがい，2020年6月1日，Xに5億円を交付した。

Xの造船所には船台が1台しかなかったことから，Xは，先に受注済みの船舶を完成させたうえで，2020年9月から甲の建造に本格的に着手した。そこで，Xは，同年10月1日に，発動機販売会社Yと，甲のための主機関としてアメリカのF社製ディーゼル機関乙を2億円で買い入れる旨の契約を締結した。それによると，乙はロイド船級規格の試験・検査を受けて合格したものでなければならないとされ，納期を同年12月1日，引渡場所をXの造船所とし，代金は契約時に5000万円，引渡時に5000万円，残金1億円は2021年3月10日に支払うことが合意された。これにしたがい，Xは，契約時に5000万円をYに交付した。

Xは，Yとの契約の締結後，2020年9月に，甲に設置するためにZの注文に応じた特注の船用クレーン2台を合計4000万円で購入するなどの準備を進めていたが，同年10月20日に，F社の主力工場が大火災をおこしたことから，F社のディーゼル機関の製造がストップした。このため，とくにロイド船級規格をみたすものは払底状態になり，Yはブローカーに問い合わせるなどして奔走した結果，4億円出せば乙を納入できることが判明した。そこで，Yは，事情をXに告げ，乙の値上げ交渉を試みたが，Xも，Zとの契約内容を説明し，値上げに応じられる状況にないと回答したうえで，予定どおり乙を納入するよう伝えたため，交渉が決裂した。Yは，2020年12月1日に，あらためて乙の代金を実費4億円に値上げするよう申し入れるとともに，乙と引換えに残代金を支払うよう求めたが，Xが応じなかったため，同年12月28日に，Yは，Xとの契約を解除した。これに対し，Xは，Yの解除には理由がないとして再考をうながしたが，Yがまったく交渉に応じようとしないので，2021年2月1日に，XもYとの契約を解除する旨を通知した。

Xは，甲の完成のめどが立たないまま4月を経過したため，Zに事情を説明したものの，Zは，2021年7月12日にXとの契約を解除し，既払金5億円の返還と遅延損害金1億円の支払を求めてきた。Xはやむなくこれに応じて6億円をZに支払った。

その後，Xの造船所は営業停止状態が続いていたが，2021年12月1日に，M銀行等の支援によって営業を再開した。建造途中だった甲も，業者Aから乙と同型のディーゼル機関を3億円で購入したうえで完成したが，市況の影響で甲は海運業者Kに18億円で売れるにとどまった。

Keypoints

1 契約の締結後，債務者が債務を履行しない場合に，債権者が債務者に対し損害賠償を請求するためには，どのような要件が備わる必要があるか。

2 契約の締結後に事情が変化したことを理由として，債務者は債務の履行を拒絶し，債務不履行責任を免れることができるか。

3 債務者が債務を履行しない場合，債権者はどれだけの損害の賠償を請求することができるか。損害賠償の範囲および賠償額は，どのような考え方と基準にもとづいて確定されるか。

Questions

(1)　Xは，Yに対し，債務不履行による損害賠償を請求することができるか。

(a)　XがYに損害賠償を請求するためには，どのような要件が備わる必要があるか。

(b)　Yは，F社の主力工場が大火災をおこしたため，乙が高額でないと調達できなくなったことを理由に，Xの請求を拒絶できるか。

(2)　Xによる損害賠償請求が認められるとして，Xは，どれだけの損害の賠償を請求することができるか。

ⓐ　XがZに支払った損害賠償分の賠償を請求することができるか。

㋐　XがZに支払った遅延損害金1億円分の賠償を請求することができるか。

㋑　甲の引渡遅延により，Zに実際に生じた損害が5000万円を超えないとした場合はどうか。

ⓑ　甲について，得べかりし利益の賠償を請求することができるか。

㋐　Zから取得できたはずの代金22億円とKから取得した代金18億円の差額の賠償を請求することができるか。

㋑　Zとの代金額22億円が，Xが他の受注より優先して建造することとされたため，相場よりも2億円高く設定されていた場合はどうか。

ⓒ　乙について，Aからの調達価格3億円とXY間の約定代金2億円との差額の賠償を請求することができるか。

ⓓ　甲に設置するために購入した特注の船用クレーン2台の代金（合計4000万円）の賠償を請求することができるか。

⑶　Xからの損害賠償請求に対して，Yは，賠償額の減額を主張できるか。

Materials

1）　必読文献

□中田『債権総論』118～224頁

□潮見『プラクティス』94～158頁

2）　参考文献A

□山本敬三「債務不履行責任における『帰責事由』」同『契約法の現代化Ⅱ――民法の現代化』（商事法務，2018年）378頁（初出：法学セミナー679号（2011年））【2017年民法改正成立前】

□磯村編『新注釈民法⑻』607～680頁〔荻野奈緒〕

3）　参考文献B

□潮見『新債権総論Ⅰ』425～510頁

□中田裕康「損害賠償における『債務者の責めに帰することができない事由』」同『私法の現代化』（有斐閣，2022年）149頁（初出：瀬川ほか編『民事責任法』）

□中田裕康「民法415条・416条（債務不履行による損害賠償）」広中＝星野編『百年Ⅲ』1頁

□平井宜雄『損害賠償法の理論』（東京大学出版会，1971年）第3章

4）　参考判例

□①大判大正7年8月27日民録24輯1658頁〔百選Ⅱ7〕

□②最判平成 9 年 7 月 1 日民集 51 巻 6 号 2452 頁〔百選Ⅱ 33〕
□③最判平成 21 年 1 月 19 日民集 63 巻 1 号 97 頁〔百選Ⅱ 6〕

Ⅰ－7　契約不履行による損害賠償責任Ⅱ

Xは，2021年4月1日から，3歳になる女の子Gを甲市内にある私立保育所Yに預けることにし，平日の8時半から17時半まで，月額3万円の保育料でGを預ける旨の契約を結んだ。Yでは，昼食について，とくに希望しない者を除き，1日200円で給食を提供することにしており，Xも，他の大半の保護者とともに，給食を受ける旨を申し込んだ。Yでは，かつては独自に調理師を雇って給食を提供していたが，経費削減のため，保護者会の了承を得て，2年前から給食業者Zに給食業務を委託していた。具体的には，毎月ZがYの希望を聞いて献立表を作成し，毎日Zがその日の食材を搬入したうえで，Zから派遣された調理師ABCがYの給食室で約100人分の給食を調理し，Yの給食担当の保育士Hの指示にしたがい，配膳を行っていた。

2021年7月12日ごろから，甲市内の保育所および小学校の園児・児童の間でO-157を原因とする多数の食中毒患者が発生し，Gも同日から罹患し，1か月間入院加療したにもかかわらず，同年8月12日にHUS（溶血性尿毒症症候群）により死亡した。

その後，この食中毒事件について調査が行われ，同年9月27日に発表された調査結果によると，被害者が発生した保育所・小学校はいずれもZから給食の提供を受けていたこと，被害者は例外なく同年7月9日に提供された生野菜のサラダを摂取していたことが判明した。もっとも，Zによる食材の保管・搬送ならびに調理はいずれも必要な衛生基準を遵守していたため，O-157が付着したのは，サラダの材料である野菜が生産者PからZに搬入される以前の段階であったことが強く疑われるものの，正確な原因食材ならびに感染ルートはついに確定できないまま終わった。

O-157による集団食中毒は，同年5月末から他府県で何度か発生していたため，甲市も，O-157はとくに食肉類から感染することが多いが，実際にどのような食物にひそんでいるかはわからず，対策は加熱処理や手洗いの励行等によるしかない旨の注意喚起を行い，同年6月中旬には，学校・保育所に対し「清潔（菌をつけない），迅速（菌を増やさない），加熱または冷却（菌を殺してしまう，ふやさない）」という注意事項を改めて徹底するよう呼びかけていた。これを受けて，Ｙは，同年６月末に，Ｚに対して衛生対策に万全を期すよう申し入れ，Ｚも調理師ABCに対し，加熱方法ならびに手洗い・消毒方法等を周知徹底していた。

Q(1)　以上の調査結果を受けて，Ｘは，他の被害者たちとともに，Ｚに対し，Ｇの死亡による損害の賠償を求める訴えを提起した。

Q(2)　Ｚは，この事件の影響から経営難におちいり，2022年３月１日になって倒産するにいたった。そこで，Ｘは，Ｙに対し，Ｇの死亡による損害の賠償を求めることにした。

Keypoints

1 債務不履行によって，債権者またはその家族の生命・身体・財産等に損害が生じた場合に，債務者は債権者に対し，どのような理由にもとづき，どのような責任を負うか。

2 債務者以外の者が債務の履行に関与した結果，債務の本旨にしたがった履行がされなかった場合に，債務者は債権者に対し，債務不履行責任を負うか。

Questions

(1)　Ｘは，Ｚに対し，Ｇの死亡による損害の賠償を請求することができるか。

(a)　Ｘは，Ｚに対し，民法が定める不法行為を理由として損害賠償を請求することができるか。

(b)　Ｘは，Ｚに対し，民法以外の特別法が定める不法行為を理由として損害賠償を請求することができるか。

(2)　Ｘは，Ｙに対し，債務不履行による損害賠償を請求することができるか。

(a)　Ｙには，債務不履行があるといえるか。あるとすれば，それはどのようなものか。

(ア)　Ｙは，契約上どのような給付を行う債務を負うか。Ｙは，その債務を履行しなかったといえるか。

(イ)　そのほか，Ｙはどのような契約上の義務を負うと考えられるか。Ｙは，その履行をしなかったといえるか。

(b) かりにＹに債務不履行があるとして，Ｙは，それが自らの責めに帰することができない事由によるものであると主張することができるか。

(c) かりにＹに債務不履行があるとして，Ｘは，どれだけの損害の賠償を請求することができるか。

Materials

1） 必読文献

□中田『債権総論』118～170頁

□潮見『プラクティス』1～16頁，94～115頁

2） 参考文献Ａ

□潮見『新債権総論Ⅰ』152～183頁

□中原太郎「安全配慮義務・安全配慮義務論」秋山ほか編著『債権法改正』61頁（初出：法時91巻5号（2019年））

3） 参考文献Ｂ

□奥田昌道「安全配慮義務」石田喜久夫＝西原道雄＝高木多喜男先生還暦記念論文集・中巻『損害賠償法の課題と展望』（日本評論社，1990年）1頁

4） 参考判例

□①大阪地堺支判平成11年9月10日判タ1025号85頁

□②最判昭和50年2月25日民集29巻2号143頁〔百選Ⅱ 2〕

□③最判昭和58年5月27日民集37巻4号477頁

I－8　売主の契約不適合責任

不動産会社Xは，土地を購入して分譲マンションを建設することを計画し，そのための建設用地を探していた。そのころ，不動産会社Yは，みずから所有する甲土地に木造2階建ての乙建物を所有し，レストランを経営するM（Yの関連会社）に賃貸していたが，採算がとれないことから，甲乙を売却する相手を探していた。Xは，取引先のG銀行からこのことを聞きつけ，2020年7月ごろからYと交渉を開始した。その際，Xは，甲ならば7階建ての分譲マンションを建設することが可能であるとし，マンションの計画を示しつつ採算ラインとして坪単価90万円を提示したところ，Yは，他にパチンコ店を経営する会社から購入希望があったものの，Xの提示した価格のほうがわずかに高かったこともあり，最終的にXに売却することを決めた。同年9月1日に，XはYと，甲乙を6億円（ただし乙の代金は0円とする）で購入する旨の売買契約を締結し，同年10月末日までに，売買代金全額の支払と引換えに，甲乙の移転登記を行うことになった。これにしたがい，Xは，同年10月30日に，G銀行から年利5％で6億円を借り入れ，Yに代金として6億円を支払い，甲乙の移転登記を受けた。また，同年9月8日に，Xは，国土利用計画法にもとづいて，所轄のS県に，甲の利用目的として「分譲共同住宅建設（予定戸数64戸）予定」と記載した土地売買等届出書を提出した。

XY間の契約によると，Yは，同年10月末日までにMを乙から立ち退かせたうえで，甲乙をXに引き渡すことになっていたが，Mから，年末年始は売上げが増加する時期なので立退きは年明けにしてほしいと懇請された。Yからこの件を聞いたXは，マンションの分譲代金でG銀行からの借入金を返済する予定だったため，マンション建設が遅れるのに難色を示したが，最終的にはYの協力要請を受け入れ，翌2021年1月末日まで乙をMに月額250万円（G銀行に対する金利相当分）で賃貸する旨の契約を締結した。

その後，Xは，2021年1月31日にMから乙の引渡しを受け，同年4

月から建設業者Tに委託して乙の解体工事とマンションの基礎工事を開始したところ，同年5月20日になって，甲の地下に大量のコンクリート杭が埋まっていることが判明した。Xは，同年6月1日にこの事実をYに告げて抗議したが，Yは，コンクリート杭があることは初耳であり，いずれにしても普通の建物を建てるのには支障がない以上，自分には責任がないと答えた。

Q⑴　Xは，2021年7月1日に，Yに対し，コンクリート杭の撤去を請求した。

Q⑵　⑴の請求に対しYが応じないので，Xは，2021年8月2日にYとの売買契約を解除し，支払済代金の返還を請求した。

Q⑶　Xは，再三の抗議にもかかわらずYが一向に責任を認めようとしないため，このままでは埒があかないと考え，Tにコンクリート杭の撤去について見積もりをとったところ，3200万円でできるということだった。Xは，2021年9月1日に，代金を減額するよう求めた。

Q⑷　Xが，さらにTと交渉を続けた結果，他の工事とのかねあいで値引きをしてもらい，2021年10月1日に3000万円で撤去工事を頼むことになった。この影響で，工期は予定よりも3か月遅れ，翌2022年7月1日にマンションが完成した。そこで，Xは，2022年8月1日に，Yに対し，損害賠償を請求した。

Keypoints

1 売買契約において，売主は，買主に対し，どのような債務を負うか。

2 売買契約の目的物が契約の内容に適合しないものである場合に，買主は，売主に対し，どのような要件のもとに，何を請求することができるか。

Questions

⑴　Xは，2021年7月1日に，Yに対し，コンクリート杭の撤去を請求することができるか。Xが同年6月1日にYに抗議したことは意味をもつか。

⑵　Xが2021年7月1日にコンクリート杭の撤去を請求したにもかかわらず，Yが応じなかった場合，Xは，同年8月2日に，Yとの契約を解除し，支払済代金の返還を請求することができるか。

⑶　Xは，2021年9月1日に，コンクリート杭の撤去に必要な費用相当額について代金が減額されるべきだとして，Yに対し，支払済代金の一部の返還を請求することができるか。

⑷　Xは，2022年8月1日に，Yに対し，損害賠償を請求することができるか。

　(a)　Xは，撤去費用相当額の賠償を請求することができるか。Xによる請求が認められるとして，その額はどれだけか。

　(b)　Xは，工期が予定よりも3か月遅れたことによる損害の賠償を請求することができるか。

Materials

1）　必読文献

□中田『契約法』292～336頁

2）　参考文献A

□潮見『新契約各論Ⅰ』103～202頁

□山本『民法講義Ⅳ$_1$』261～299頁【2017年民法改正未対応】

3）　参考文献B

□森田宏樹「売買における契約責任――契約不適合に基づく担保責任の意義」瀬川ほか編『民事責任法』273頁

□磯村保「売買契約法の改正――『担保責任』規定を中心として」LAW10号（2016年）61頁【2017年民法改正成立前】

□田中洋「改正民法における『追完に代わる損害賠償』⑴～（5・完）」NBL 1173号4頁，1175号29頁，1176号28頁，1177号29頁，1178号38頁（2020年）

4）　参考判例

□①最判昭和36年12月15日民集15巻11号2852頁〔百選Ⅱ 45〕

□②最判平成22年6月1日民集64巻4号953頁〔百選Ⅱ 44〕

I－9　請負人の契約不適合責任

Xは，2020年12月1日に，建設業者Yと，Xを注文者，Yを請負人として，X所有の土地のうえに2階建ての甲住宅を建築する旨の請負契約を締結した。その際，完成・引渡しは2021年5月31日，請負代金は1600万円とされ，契約時に800万円，上棟時に400万円，完成引渡時に400万円を支払う旨が約定された。

甲の設計にあたって，Xは，家族4人が各自の部屋をもてること，体の不自由な母の外出等のために購入した乙自動車の車庫を設けることを希望したのに対し，Yは，Xの希望をすべてみたすためには，建ぺい率や容積率等の関係で建築基準法に違反することを指摘したが，Xが違反建築でもかまわないからぜひ建築してほしいと強く希望するので，その方向で設計することになった。そこで，Yは，Xの希望にしたがって設計図を作成したところ，車庫は甲の半地下に造るしかなかったが，前面道路が2.7メートルしかなかったことから，Yは入庫できないかもしれない旨を指摘し，間取りを変えて他の場所に車庫を造るよう勧めた。しかし，Xは，家族構成上間取りを変えることはできないとして，何とか工夫して当初の設計図のまま車庫を設置するよう強く希望したため，あらためてYが検討したところ，何度も切り返しをしてようやく入庫できるのでよいのなら可能であると回答したことから，Xも了承し，そのまま車庫を設置することになった。

その後，2021年5月20日に甲が竣工し，5月31日に，Yは残代金400万円と引換えに甲をXに引き渡した。ところが，同年6月10日に，Xが甲に入居し，乙自動車を入庫しようとしたところ，前面隣地の塀に接触し，どうしても入庫することができなかった。そこで，その翌日，XがYに抗議したのに対して，Yがあらためて調べたところ，当初の設計図のままでは乙の入庫が可能な車庫を設置することはどうしても不可能であり，そのためには，甲の1階部分を取り壊して大修繕するほかないことが判明した。

Keypoints

1 請負契約において，仕事の目的物が契約の内容に適合しない場合に，注文者は，どのような要件のもとに，何を請求することができるか。

2 請負契約において，請負人が，注文者に対し，請負代金を請求するためには，どのような要件が備わる必要があるか。その際，仕事の目的物が契約の内容に適合しないことは，どのような意味をもちうるか。

Questions

⑴　Xは，2021年8月1日に，Yに対し，どのような請求をすることができるか。

　ⓐ　Xは，Yに対し，乙を入庫できるように甲を修補するよう請求することができるか。それは，修補にかかる費用が200万円程度の場合と，600万円程度の場合と，1200万円程度の場合とで異なるか。

　ⓑ　XはYとの請負契約を解除し，支払済代金1600万円の返還を請求することができるか。

　ⓒ　Xは，報酬の一部が減額されるべきだとして，Yに対し，支払済代金の一部の返還を請求することができるか。その際，甲の現在の価値（乙を入庫できないものとしての価値）を1200万円とする。

　ⓓ　XはYに対し，損害賠償を請求することができるか。その際，甲の取壊費用を100万円，甲の建替え費用を1400万円，甲の現在価値（乙を入庫できないものとしての価値）を1200万円，周辺の駐車場使用料を年額18万円とする。

⑵　2021年4月1日に，甲の1階部分がおおむねできた段階（全工程の6割程度）で，Xが乙の入庫が可能かどうか調べたところ，入庫できないことが判明した。この段階において，Xは，Yとの請負契約を解除し，支払済代金1200万円の返還を請求することができるか。その際，Yは，どのような主張をすることができるか。

⑶　2021年5月31日に，Xが乙の入庫が可能かどうか調べたところ，入庫できないことが判明したため，残代金400万円の支払を拒絶した場合はどうなるか。

　ⓐ　Yは，Xに対し，甲の引渡しと引換えに，残代金400万円の支払を請

求できるか。

(b) Xは，甲が契約の内容に適合しないことを理由に，400万円の支払を拒絶できるか。

(c) Xは，残代金の支払債務を，甲が契約の内容に適合しないことを理由とする損害賠償請求権と相殺することができるか。

(d) Xは，甲が契約の内容に適合しないため，報酬が減額されるべきであるとして，Yからの請求を拒絶することができるか。

Materials

1） 必読文献

□中田『契約法』503～524頁

□山本『民法講義Ⅳ$_1$』642～650頁，674～702頁【2017年民法改正未対応】

□司研『紛争類型別』195～220頁

2） 参考文献A

□潮見『新契約各論Ⅱ』205～254頁，270～283頁

□水津太郎「請負における注文者の報酬減額請求権」秋山ほか編著『債権法改正』343頁（初出：法時90巻3号（2018年））

3） 参考文献B

□後藤勇『請負に関する実務上の諸問題』（判例タイムズ社，1994年）1～140頁【2017年民法改正前】

□山本編『新注釈民法⒁』115～180頁〔笠井修〕

□笠井修『建設工事契約法』（有斐閣，2023年）第4章

□森田宏樹「判批・最判平成9年2月14日（必読判例①）」平成9年度重判解79頁

4） 必読判例

□①最判平成9年2月14日民集51巻2号337頁〔百選Ⅱ 61〕

5） 参考判例

□①最判平成14年9月24日判時1801号77頁

□②最判昭和53年9月21日判時907号54頁

□③最判平成9年7月15日民集51巻6号2581頁

□④最判令和2年9月11日民集74巻6号1693頁

I－10　賃貸借における契約当事者間の法律関係

Xは，自分の所有する土地に4階建てのビル甲を建築し，各フロアーを店舗として賃貸することを計画した。その後，建設業者KがXから委託を受けて甲を建設し，2020年7月1日にビル甲を竣工のうえ，Xに引き渡した。そこで，Xがテナントを募集したところ，居酒屋を経営していたYが新規の店舗を開設するのに適当と考え，甲の1階（$甲_1$）と2階部分（$甲_2$）の借受けを打診してきた。そこで，XとYは，交渉のうえ，2020年9月1日に，目的物を$甲_1$・$甲_2$，期間4年，賃料月額40万円（毎月末日に翌月分を支払う），敷金200万円，使用目的を居酒屋とする旨の賃貸借契約を締結し，同日Yは240万円をXに交付した。その際，Yが賃料を2か月滞納したときには，Xは無催告で契約を解除できるほか，契約が終了した際には，Yが$甲_1$・$甲_2$を原状に回復したうえで返還することが特約条項として契約書に付記された。

その後，Yは，総計400万円を投じて$甲_1$・$甲_2$を居酒屋に改装し，営業を開始した（その際，50万円で都市ガスの配管，100万円で厨房設備，40万円で営業用のクーラー設備（取り外し可能），10万円で入口に自動ドアが設置され，30万円で壁と天井にクロス張り工事が行われた）。その後，$甲_1$・$甲_2$の使用について特別な問題はなく，賃料もきちんと支払われていたが，2022年8月10日ごろから，$甲_2$で雨漏りが発生しだし，使用できない状態になった。そこで，Yが，Xに修繕するよう求めたところ，Xは，Kの施工不良によって生じた事態なので自分の責任ではなく，とにかくKに修繕させると答えたものの，この間にKが倒産したため，$甲_2$は修繕されないままとなった。Yは，同年9月1日から$甲_2$を閉鎖して，$甲_1$のみで営業を続けていたが，Xの対応があまりに不誠実であると考え，10月分から賃料の支払をストップし，同年11月10日にみずから業者Tに委託して，100万円を支払い，$甲_2$の外壁について応急の修復工事をしてもらった。これにより，同年12月1日以降，$甲_2$のうち1部屋（$甲_1$・$甲_2$全体のうち15%分に相当）を除く他の部屋は利用可能になり，Yは$甲_2$についてもその限度で営業を再開した。

その後，2023年3月になって，それまで空室だった甲の3階（$甲_3$）・4階部分（$甲_4$）を，金融業者Gが賃料月額30万円，敷金100万円で同年4月1日から賃借することが決まった。これを知ったYは，このような契約条件の差はきわめて不公平であると考え，同年3月31日に，Xに対し，Yが$甲_2$を修繕したうえ，$甲_2$の一部が今なお利用できないこともあわせると，賃料は月額25万円に減額されてしかるべきだと申し入れ，4月分の賃料として25万円を支払おうとした。これに対し，Xは，賃料の減額には応じられないとし，25万円は本来の賃料の内金として受領するというので，Yは25万円をXに支払うことをやめ，同日25万円を供託した。

その後，Yは毎月月末に翌月分の賃料を供託していたが，2023年9月30日になって，Xは，賃料の不払を理由にYとの契約を解除し，Yに対して，残賃料（2022年10月分から1年分480万円）の支払のほか，$甲_1$・$甲_2$の返還を求めた。

なお，その後の鑑定によると，2023年春当時の$甲_1$・$甲_2$の適正賃料（$甲_2$の一部が使用できないことを前提としたもの）は，近辺の建物の賃料の下落などを踏まえると月額30万円程度であるとされ，$甲_1$・$甲_2$を原状に戻すためにかかる費用は200万円とされたとする。

Keypoints

[1] 賃貸借契約において，賃貸人が賃借人に対し賃料の支払を請求するためには，どのような要件が備わる必要があるか。

[2] 賃貸借契約の締結後，賃借物の使用に障害が生じた場合に，賃借人は，賃貸人に対し何を請求できるか。賃貸借契約の締結後，経済情勢が変動した場合に，賃借人は，どのような要件が備われば賃貸人に賃料の減額を請求できるか。賃貸借契約の締結後，賃借人が賃借物に費用を投下した場合に，賃借人は，どのような要件が備われば賃貸人にその費用の償還を請求できるか。以上の事情は，賃貸人が賃借人に対し賃料の支払を請求する場合に，どのような意味をもちうるか。

[3] 賃貸借契約の終了後，賃貸人が賃借人に対し，賃料残債務等，賃貸借契約

上の債務の履行を請求する場合に，賃借人が賃貸人に敷金を交付していたことはどのような意味をもつか。

4 賃貸借契約において，賃借人が賃料を支払わない場合に，賃貸人は，どのような要件が備われば契約を解除し，賃貸物の返還を請求することができるか。その際，賃借人は，返還請求を拒絶するために，どのような主張をする可能性があるか。

Questions

(1) Xは，2023年10月に，Yに対して残賃料480万円の支払を請求することができるか。

(a) Xが，Yに対して残賃料の支払を請求するためには，どのような要件が備わる必要があるか。

(b) YがXの請求の全部または一部拒絶するためには，どのような主張をする可能性があるか。

(ア) Yは，甲$_2$の全部または一部を利用できなかったことを理由に，残賃料の全部または一部の支払を拒絶することができるか。

(イ) Yは，Xが甲$_3$・甲$_4$を月額30万円でGに賃貸したほか，甲$_1$・甲$_2$の適正賃料が低下していることを理由に，残賃料の全部または一部の支払を拒絶することができるか。その際，Yが，2023年4月分以降毎月25万円の賃料を供託したことは，意味をもつか。

(ウ) Yは，甲$_1$・甲$_2$に費用を投じたことを理由に，残賃料の全部または一部の支払を拒絶することができるか。

(エ) Yは，敷金を残賃料の支払に充当するよう主張することができるか。

(2) Xは，2023年10月に，Yに対して甲$_1$・甲$_2$の返還を請求することができるか。

(a) XがYに対して甲$_1$・甲$_2$の返還を請求するためには，どのような要件が備わる必要があるか。

(b) Yは，Xの返還請求を拒絶するために，どのような主張をする可能性があるか。

Materials

1）　必読文献

□中田『契約法』387～430頁，459～481頁

□山本『民法講義Ⅳ$_1$』388～436頁，437～488頁，613～628頁【2017年民法改正未対応】

□司研『新問題研究』120～131頁

□司研『紛争類型別』99～118頁

2）　参考文献Ａ

□潮見『新契約各論Ⅰ』350～436頁，492～506頁

□潮見『新契約各論Ⅱ』146～154頁

□司研『要件事実Ⅰ』253～284頁【2017年民法改正未対応】

□司研『要件事実Ⅱ』1～12頁，47～55頁，57～74頁，77～81頁，99～102頁【2017年民法改正未対応】

3）　参考文献Ｂ

□吉川愼一「貸借契約関係訴訟の証明責任・要件事実」新堂幸司監修『実務民事訴訟講座〔第3期〕第5巻――証明責任・要件事実論』（日本評論社，2012年）159頁

□吉政知広「信頼関係破壊法理の機能と展望」松尾弘＝山野目章夫編『不動産賃貸借の課題と展望』（商事法務，2012年）139頁

4）　参考判例

□①最判昭和49年9月2日民集28巻6号1152頁〔百選Ⅱ57〕

□②最判昭和43年11月21日民集22巻12号2741頁

I－11　賃貸借における契約当事者の変動

Cの祖父Aは，出版社Yを創業し，東京の神田に進出した。その際，Aは，みずから甲土地を購入して社屋を建設し，それをYに賃貸するという形式をとることとした。その後，Aが死亡して，子Bが相続し，Yの経営にあたってから，Yは順調に業績を拡大し，従来の社屋では手狭になった。そこで，Bは，1998年に，従来の社屋を取り壊して，新たに5階建ての乙ビルを建設し，B名義で保存登記を行ったうえで，1998年10月31日に，賃料月額100万円（毎月末日に翌月分を支払う），期間を20年として，乙をYに賃貸する旨の契約を締結した。その際，権利金および敷金はとくに収受されなかった。

その後，2010年になって，Bが死亡し，子Cが相続した際に，Cは，生前のBといさかいが絶えなかったこともあり，Yの経営を受け継ぐことを拒否した。そのため，Bの死後，Aの一族はYの経営に関与せず，CがYから乙の賃料を受け取るだけの関係になった。

出版不況が続く中，Yも2017年ごろから資金繰りに苦しむようになってきた。そのため，Yは，2017年10月分と11月分の賃料を期日にCに支払うことができなかった。その後，Yは毎月100万円をCに支払いだしたものの，Cが何度か督促したにもかかわらず，2か月分の賃料の支払は滞ったままの状態が続いた。

Cは，Yの先行きに懸念をいだくようになり，このまま賃料収入に頼るよりも，甲乙を売却してしまった方が得策だと考え，売却先を探したところ，土地開発業者Xが，老朽化しつつある乙を高層ビルに建て替えて収益をあげることを申し入れてきたため，2018年4月28日に，甲乙をXに10億円で売却し，それぞれ登記を移転した。

Xは，同日，Yに対し，今後はXに賃料を支払うよう通知するとともに，Yとの賃貸借契約は2018年10月末日をもって終了し，更新の予定はないため，それまでに乙を退去するよう求めた。Yは，この間の経緯をまったく知らされていなかったこともあって強く反発し，乙を退去することになれば経営が成り立たないことから，Xに対し賃貸借契約の更新を申し入れた。

その後，XY間で交渉が続けられたが，その過程で，乙の3階部分（乙$_3$）に印刷会社Uが入っていることが判明した。Xが調べたところ，Yは，2013年末に不採算部門を縮小した結果，スペースに余裕ができたため，以前からYが出版する雑誌等の印刷を頼んでいるUに打診したところ，乙$_3$に入居した方がたがいに仕事がスムースに進んで好都合だということもあり，2014年4月1日に，さしあたり期間を5年として，賃料月額20万円で乙$_3$をUに賃貸する旨の契約をしたことがわかった。Xが，これは問題ではないかと指摘したのに対し，Yは，乙で営業を開始して以来，乙の利用についてはすべてYの経営判断にゆだねられてきた以上，Yの経営とは無関係のCに一々問い合わせる必要はないと答えた。

Q⑴　XはYの説明に納得せず，いずれにしても乙の建替えを目的として甲乙を買い取ったことから，XY間の交渉は決裂し，2018年11月1日に，Xは，Yに乙の明渡し，Uに乙$_3$の明渡しを求める訴えを提起した。

Q⑵　その後も，YとUは，Xの明渡請求に応じず，そのまま営業を継続していたが，Uは，2018年11月分からYに対し乙$_3$の転貸料の支払をストップした。

Q⑶　Uは，2017年3月末ごろ，乙$_3$の空調設備が故障したため，Yに修理を求めたが，Yは資金繰りに窮していたため，Uに修理費の立替えをしてくれるよう頼んだ。Uは，このままでは業務に支障が生ずるため，2017年5月10日に，業者Kに頼んで空調設備を修理してもらい，修理費200万円を支払った。

★注　本件における契約には，締結された時点にかかわりなく，2017年改正後の民法が適用されるものとして検討すること。

Keypoints

1　賃借人が賃借物を転貸したとき，賃貸人はどのような根拠にもとづいて賃借人・転借人に目的物の返還を請求することができるか。その場合，どのような要件が備わる必要があるか。賃借人・転借人は，返還を拒絶するためにどのような主張をする可能性があるか。

2 賃貸借契約の期間が満了するときに，賃貸人が賃借人・転借人に目的物の返還を請求するためには，どのような要件が備わる必要があるか。賃借人・転借人は，返還を拒絶するためにどのような主張をする可能性があるか。

3 以上について，賃貸人が賃貸物を第三者に譲渡した場合はどうなるか。

4 賃借物が転貸されて転借人が必要費を出捐したとき，転借人は，転貸人・原賃貸人にその費用の償還を請求することができるか。また，転貸人がその費用を負担した場合に，転貸人は原賃貸人にその費用の償還を請求することができるか。

Questions

(1) Xは，2018年11月1日に，YおよびUに対し，乙および乙$_3$の返還を請求することができるか。

(a) Xは，Yに対し，所有権にもとづき，乙の返還を請求することができるか。

(b) Xは，Yに対し，賃貸借契約の終了を理由に，乙の返還を請求することができるか。

(ア) Xは，Yに対し，賃貸期間の満了を理由に，乙の返還を請求することができるか。

(イ) Xは，Yに対し，賃料の不払を理由に，乙の返還を請求することができるか。

(ウ) Xは，Yに対し，無断転貸を理由に，乙の返還を請求することができるか。

(c) Xは，Uに対し，どのような理由にもとづき，乙$_3$の返還を請求することができるか。

(2) Yは，Uに対し，2018年11月分以降も，転貸料の支払を請求することができるか。

(3) Uは，XまたはYに対し，修理費相当額の支払を請求することができるか。

(a) Uは，Yに対し，修理費相当額の支払を請求することができるか。

(ア) Uが，Yに修理費相当額の支払を請求するためには，どのような要件が備わる必要があるか。

(イ)　Yがこの請求に応じた場合，Yは，Xに対し，この修理費相当額の支払を請求することができるか。

(b)　Uは，Xに対し，修理費相当額の支払を請求することができるか。

(c)　かりにXが修理費相当額を負担したとして，Xは，Cに対し，何らかの請求をすることができるか。

Materials

1）　必読文献

□中田『契約法』422〜486頁

□山本『民法講義Ⅳ$_1$』489〜541頁，609〜613頁，622〜624頁【2017年民法改正未対応】

□司研『新問題研究』53〜77頁，120〜131頁

□司研『紛争類型別』99〜118頁

2）　参考文献A

□潮見『新契約各論Ⅰ』437〜492頁

□潮見『新契約各論Ⅱ』116〜138頁

□司研『要件事実Ⅱ』47〜55頁，81〜165頁【2017年民法改正未対応】

3）　参考文献B

□秋山靖浩「不動産賃貸借と民法改正」安永正昭ほか監修『債権法改正と民法学Ⅲ契約(2)』（商事法務，2018年）235頁

□原田純孝「賃貸借における当事者の交替の法律関係(1)〜(3・完)」法教121号110頁，122号56頁，123号44頁（1990年）【2017年民法改正前】

4）　必読判例

□①最判平成9年2月25日民集51巻2号398頁〔百選Ⅱ 56〕

5）　参考判例

□①最判昭和46年4月23日民集25巻3号388頁〔百選Ⅱ 34〕

□②最判昭和49年3月19日民集28巻2号325頁〔百選Ⅱ 52〕

□③最判平成8年10月14日民集50巻9号2431頁〔百選Ⅱ 53〕

□④最判昭和38年9月26日民集17巻8号1025頁

Ⅰ－12　賃貸借契約の解除と終了

Xは，京都の北山に300坪の甲土地のほか，約1500坪の農地と約400坪の宅地を所有する地主である。甲は，もとはXの屋敷だったが，2000年ごろにXが転居してから後は，周囲に有刺鉄線をはりめぐらせた状態で無人のまま放置され，荒れ地の状態だった。

Yは，自分の経営する自動車販売会社Zの事業を拡大するため，不動産業者Fに頼んで，手頃な賃借地を物色していた。Fが甲の存在を聞きつけてYに紹介したため，2013年7月ごろから，Fの媒介によりXY間で賃貸借契約の締結交渉が行われた。その際，Xは，借地権を設定すると事実上半永久的に返還を求めることができなくなると認識していたため，当初は消極的だったが，Fから，賃貸期間を2年とする「一時使用」の特約を結んでおけばそのような危惧はないとの助言を受け，賃貸に応ずる気になった。Yの側は，事業の拡大が目的であり，甲に相当額の資本を投下する予定だったため，期間は一応2年とするとしても，期間満了ごとに更新し，長期にわたって甲の使用を継続させてほしい旨を強く希望した。これに対し，Xは，Yの希望を拒絶する態度は示さず，将来甲をみずから使用する計画がある旨を述べることもなかった。

Yは，甲で自動車を展示・販売することを予定し，中古車は露天の駐車場に展示するとしても，新車については展示場を建てることを希望したのに対し，Xは，賃貸借終了時の撤去が容易になるよう，組立て式の建物にかぎるとの提案をした。Yは，新車を販売する以上，顧客の信用を害さないためにも，相応の建物の築造を認めてほしい旨を強く求めたところ，Fから，賃貸期間が2年という定めであるため，鉄筋コンクリートのような堅固な基礎は用いないという約定にすべきであることが提案され，Yも了承した。このほか，Xは，権利金を受領すると借地権が生じることを危惧したため，権利金は授受しないことになったが，その代わり賃料は相場よりも高くし，坪あたり月額2000円とすることが了承された。また，Xは，Zが借主になると借地権が生じることを危惧して，Yが借主となることを希望したため，Ｙもこれを了承した。

そこで，2013年9月1日，XY間で，甲を月額60万円の賃料で賃貸する旨の契約が締結された。その際，契約書の表題は「一時土地使用貸借契約書」とされ，本件賃貸借契約は「一時使用」とし，期間は2年とするが，期間満了時に当事者の合意により更新できること，Ｙは甲のうえに60坪の限度で木造モルタル仕上げの工法により自動車展示場を築造できるが，「永久的重基礎的施設」は設置できず，「甲に建設する建物については，堅固な土台基礎とすることはできない。」ことが明記された。

その後，Ｙは，甲の引渡しを受け，甲の整地・造成を行い，駐車場とする敷地部分にコンクリートをしいたうえ，費用約1500万円を投じて，床面積60坪の乙建物を建築した。乙は，コンクリートの基礎および木造の土台のうえに木造の柱を立て，木造および鉄骨の梁を組み，鉄板瓦棒で屋根を葺き，外壁はラスモルタルで仕上げられた。Ｘは，乙の建築過程で現場を訪れた際に，多数の鉄骨が使用されていたため，Ｆに約定に反する旨を指摘したが，Ｆから「鉄骨はボルト締めであるから簡単に取り壊しができるし，鉄骨を使わないと地震が起こったときは危険である。」との回答があったため，ひとまず納得した。

乙の完成後，ＹはＺ会社の営業を開始し，乙に新車を展示するほか，外の駐車場にも中古車を展示して販売した。その後，XY間の契約は，2015年9月1日と2017年9月1日に，両者の合意によりそれぞれ期間を2年として更新された。Ｘはこの間に何度か現地を訪れたが，とくにＹに問題を指摘したことはなかった。

ところが，2019年8月1日に，Ｘは，Ｙに対し，甲の賃料を坪あたり月額3000円に増額したい旨を申し入れてきた。Ｙは，地価が低下していることからこの申出を拒絶したところ，Ｘは，同年8月10日に，同年8月末日をもって賃貸借契約が終了することを理由に，甲の明渡しを求めた。同年9月になっても，Ｙがこれに応じないため，Ｘは，弁護士に依頼して調べさせたところ，2019年1月から，ＹはＺの相談役（名目上の役職であり，経営には関与せず，報酬も受け取っていない）に退き，同業者であるＫがＺの代表取締役に就任し，経営にあたっていることが判明した。

Keypoints

1 土地について賃貸借契約が締結された場合に，賃貸人が賃借人に対し，その土地の返還を請求するためには，どのような要件が備わる必要があるか。

2 土地の賃貸期間が短期に設定された場合に，賃貸人はその期間の満了を理由として賃借人に土地の明渡しを請求することができるか。その際，借地借家法の規定はどのような場合に適用されるか。

3 賃借人が賃借物を第三者に転貸したことを理由として，賃貸人が賃借物の返還を請求するためには，どのような要件が備わる必要があるか。賃借人・転借人は，どのような要件が備わる場合に，その土地の返還請求を拒絶することができるか。

Questions

(1) Xは，Yに対し，賃貸期間の満了を理由に，甲の明渡しを求めることができるか。

(a) Xが甲の明渡しを求めるためには，どのような要件が備わる必要があるか。

(b) Yは，Xの請求を拒絶するために，どのような主張をする可能性があるか。

(c) Xは，本件賃貸借契約には借地借家法の存続保障に関する規定が適用されないと主張することができるか。

(2) Xは，Yに対し，無断転貸を理由に甲の明渡しを求めることができるか。

(a) Xが甲の明渡しを求めるためには，どのような要件が備わる必要があるか。本件において転貸があったといえるか。

(b) Yは，Xの請求を拒絶するために，どのような主張をする可能性があるか。

(ア) 転貸について，Xの承諾があるといえるか。

(イ) かりに承諾がないとしても，Yは明渡請求を拒絶するために，どのような主張をする可能性があるか。

(3) Xは，Zに対し，甲の明渡しを求めることができるか。

(a) Xが甲の明渡しを求めるためには，どのような要件が備わる必要があるか。

(b)　Zは，Xの請求を拒絶するために，どのような主張をする可能性があるか。

Materials

1）　必読文献

□中田『契約法』430～445頁，459～484頁

□山本『民法講義Ⅳ$_1$』437～488頁，554～564頁【2017年民法改正未対応】

2）　参考文献A

□司研『紛争類型別』99～118頁

□潮見『新契約各論Ⅰ』455～492頁

□潮見『新契約各論Ⅱ』3～39頁

3）　参考文献B

□司研『要件事実Ⅰ』275～284頁【2017年民法改正未対応】

□司研『要件事実Ⅱ』1～12頁，24～36頁，81～102頁，105～140頁，143～169頁【2017年民法改正未対応】

□宇佐見大司「一時使用目的の借地権」稲葉威雄ほか編『新借地借家法講座 第2巻』（日本評論社，1999年）181頁

□原田純孝「民法612条（賃借権の無断譲渡，無断転貸）」広中＝星野編『百年Ⅲ』397頁

4）　参考判例

□①最判昭和43年3月28日民集22巻3号692頁

□②最判昭和45年7月21日民集24巻7号1091頁

□③最判平成8年10月14日民集50巻9号2431頁〔百選Ⅱ 53〕

□④東京地判昭和58年2月16日判タ498号121頁

Ⅰ－13　契約関係と不当利得

Xは，大阪で祖父の代から建材の製造・販売業を営み，手広く商売を行っていた。

2020年6月1日，Xの娘A（学生）が自動車を運転中に，Kの運転する高級外車に追突し，Kがむち打ち症で入院した。そこで同年6月5日に，Xが示談交渉のため，病院を訪れたところ，Kは「実はわしはこういう者や（だ）。」といって暴力団の紋章をみせ，「別に悪いようにはせん（しない）。わしのいうことを聞いたらええんや（いいのだ）。わかってるやろな（だろうな）。組織動かしたらお前らぐらいどないでもできるんやで（どのようにでもできるのだぞ）。」などといって脅した。驚いたXが損害賠償は十分するつもりであると告げ，100万円を持参しているのでこれでおさめてほしいと頼むと，Kは「殊勝な心がけや（だ）。まあええやろ（いいだろう）。」といってそれを受領した。ところが，Kは，それとは別に，Xが建材の製造・販売業を営んでいることは調べがついているとして，自分の関係する建設業者Yに格安で生コンクリートを融通してくれるよう頼んだ。Xが躊躇すると，Kは「あんたの娘のせいでわしは入院までしとるんやで（しているのだぞ）。最近誘拐事件がようあるやろ（よくあるだろう）。資産家のXさん，気いつけなあかんで（気をつけないといけないぞ）。」と凄むので，Xはやむなく承諾した。

そこで，その日のうちに，Xは，病院でKの立会のもと，Yとの間で，生コンクリート1000 m^3 を，本来なら1万5000円／m^3 のところを3000円／m^3 の計算で売却する旨の契約を締結した。その後，Xは，同年8月末までに順次生コンクリート1000 m^3 をYに引き渡し，Yはこれを用いて，Zから受注していた甲ビルを建設した。Xは，同年8月31日に，Yから代金300万円を受領した。

Xは，これで片がついたと思っていたところ，同年10月1日になって，Kから呼出しを受けた。XがKの事務所を訪れると，Kは，Xの誠意が足りないことを難詰したうえで，YがXの所有する乙土地を買いたいといっているので話を聞いてやってほしいともちかけた。Xは，乙を駐車場として使用していたため，難色を示したところ，Kは，組員とおぼしき者数名にXの周りを取り囲ませたうえで，「事故のことをもう忘れたんか。ほんまやったら，乙はもろうてもええぐらいなんやで。わしがせっかく仏心を出して，Yに高う買うたってくれと頭下げてやったのに，何をいうとるんや。」と怒鳴るので，Xは身の危険を感じ，やむなく承諾した。

そこで，その日のうちに，Xは，Kの立会のもと，Yとの間で，乙を，本来なら5000万円程度するところを3000万円で売却する旨の契約を締結し，登記も移転したうえで，代金と引換えに乙をYに引き渡した。Yは，ゆくゆくは乙にマンションを建設する予定にしていたが，当面は，近隣の住民Mら20名にそれぞれ月額1万円で乙を駐車場として賃貸している。

その後，同年12月1日になって，Xは，またしてもKから呼出しを受けた。Xは，これで終わりにしたいと思ってKの事務所を訪れると，Kは，Yの取引先が倒産し，請負代金が入金されなくなったため，Yが明日までに3000万円を調達してTに対する手形を落とせないと，Yも倒産してしまうと説明し，Yに3000万円を貸してやってほしいと頼み込んだ。Xは，もう十分償いをしたので勘弁してほしいというと，Kは「わしも鬼やない。もうこれで終わりにしたろいうてるのに，それを断るいうんか。」と机をたたき，「何やったら，これから毎日あんたの会社に街宣車で乗りつけてもええんやで。」と脅すので，Xはやむなく承諾した。

そこで，その日のうちに，Xは，Kに連れられて信用金庫Gにおもむき，Gから年利10%，返済期を2021年6月1日として3000万円を借り入れ，その担保としてXの所有する丙土地に抵当権を設定する旨の契約を書面で締結した。その際，Xは，Kの指示にしたがい，Gに対し，借り入れた3000万円を直接Yの口座に振り込むよう依頼したので，Gは，その場で3000万円をYの口座に振り込んだ。

その後，2021年5月末になって，Kは，別件の恐喝容疑で逮捕されるにいたった。そこでようやくXは，弁護士に相談をし，同年6月1日に，Gに対し，消費貸借契約は取り消したので，返還請求には応じられないことを通知した。

Keypoints

1　契約に無効・取消事由があり，契約の効力が否定される場合に，その契約にもとづいて給付をした者は，相手方に対し，どのような要件のもとで，どのような請求をすることができるか。契約にもとづいて給付された原物の返還が不能である場合はどうか。

2　契約に無効・取消事由があり，契約の効力が否定される場合に，相手方がその契約にもとづいて給付された物を材料として第三者からの委託にしたがい別の物を作って引き渡したとき，給付をした者は，その第三者に対し，不当利得の返還を請求することができるか。

3　契約に無効・取消事由があり，契約の効力が否定される場合に，相手方がその契約にもとづいて給付された物をさらに第三者に譲渡しているとき，給付をした者は，その第三者に対し，不当利得の返還を請求することができるか。

4　契約の当事者が，自己が第三者に対して負う債務の弁済をするために，相手方に対しその第三者に給付をするように指図をした場合において，その契約に無効・取消事由があり，契約の効力が否定されるとき，誰が誰に対して不当利得の返還を請求することができるか。

Questions

(1)　Xは，誰に対し，Yに引き渡した生コンクリート1000 m^3 またはその価値相当額の返還を請求することができるか。

(a)　Xは，Yに対し，生コンクリート1000 m^3 の返還を請求することができるか。

(b)　Xは，Yに対し，生コンクリート1000 m^3 の価値相当額の返還を請求することができるか。

(c)　Xは，Zに対し，生コンクリート1000 m^3 の返還を請求することができるか。

(d)　Xは，Zに対し，生コンクリート1000 m^3 の価値相当額の返還を請求することができるか。

(2)　Xは，Yに対し，乙土地および乙の果実・使用利益の返還を請求することができるか。

(a)　Xは，Yに対し，乙の返還を請求することができるか。

(b)　Xは，Yに対し，乙の果実・使用利益の返還を請求することができるか。

(3)　Gは，誰に対し，貸付金または貸付金相当額の返還を請求することができるか。

(a)　Gは，Xに対し，契約にもとづいて，貸付金の返還を請求することができるか。

(b)　Gは，Xに対し，貸付金相当額の返還を請求することができるか。

(c)　Gは，Yに対し，貸付金相当額の返還を請求することができるか。

Materials

1）　必読文献

□潮見『基本講義Ⅰ』327～386 頁

□司研『新問題研究』36～52 頁

□司研『紛争類型別』27～43 頁

2）　参考文献 A

□磯村保「法律行為の無効・取消しと原状回復義務」LAW12 号（2018 年）1 頁

□潮見佳男「『第三者への給付』と不当利得――補償関係当事者への効果帰属モデルの一断層(上)(下)」金法 1539 号 24 頁，1540 号 26 頁（1999 年）【2017 年民法改正前】

□藤原正則『不当利得法』（信山社，2002 年）1 ～51 頁，121 ～201 頁，311 ～363 頁【2017 年民法改正前】

3）　参考文献 B

□好美清光「不当利得法の新しい動向について(上)(下)」判タ 386 号 15 頁，387 号 22 頁（1979 年）【2017 年民法改正前】

□四宮和夫『事務管理・不当利得・不法行為(上)』（青林書院新社，1981 年）215～243 頁【2017 年民法改正前】

4）　必読判例

□①最判平成 10 年 5 月 26 日民集 52 巻 4 号 985 頁〔百選Ⅱ 72〕

第Ⅱ部　原状回復・民事責任

Ⅱ－1　不動産の譲渡と対抗要件

Ａには，配偶者Ｂとの間に生まれた子Ｘがおり，Ｂには先立たれている。Ａは先祖から受け継いだ土地甲を，駐車場として利用してきた。

2023年2月9日，Ａの親族であるＥがＡのもとを訪れ，甲を売却してくれないか交渉を開始した。同月20日，ＥとＡとの間で甲を2000万円で売却する契約が締結され，同月25日には代金が支払われるとともに，甲の移転登記や引渡しがＡからＥになされた。その際，Ａから値上げを求められたＥは甲周辺に開発計画もないことからこの価格が妥当だと述べてＡを説得したが，Ｅは甲の周辺に再開発計画が持ち上がっていることを知っており，これをＡに秘して契約を締結させていた（この時点で，時価は4000万円程度に跳ね上がると予想されていた）。

2023年3月になって，Ｅは，宅地の造成と販売を事業として営むＦに対して，甲の売却交渉を開始した。3月22日，ＥとＦの間で売買代金を2500万円とする合意に達したものの，移転登記・引渡しや代金の履行期については後日決めることにした。同月26日，甲の移転登記・引渡しや代金の履行期を1週間後とすることとして，ＥとＦとの間で甲を2500万円で売却することを合意し，その1週間後に甲の移転登記・引渡しと代金支払がなされた。なおこのEF間の売買の際，上述のAE間の契約の経緯や，後述するＡがＥとの甲売買契約の取消しの意思表示をしたこと，および，ＡからＸへ甲を贈与したことを，すべてＦは知っていた。また，Ｆが甲を購入した動機は，ＡやＸが先祖伝来の土地をあきらめるはずがないと知っておりＡやＸへ高値で売りつけることを期待できると考えたからであった。

以上と前後して，Ａは新聞報道で甲周辺に開発計画が存在していることを知った。そこでＡは，Ｅに対して甲売却を取り消すとの内容証明郵便を2023年3月20日に発送し，同月23日にＥにこれが到着した。また，同月21日にＡはＸに対して書面で，甲を贈与した。

その後甲を含む一帯は豪雨に襲われ，この豪雨水害の影響によりＦの経営は傾き，甲を早急に売却する必要に迫られた。2023年4月5日に現金4000万円を即日支払うことにしてFからYに甲が売却され，同日甲の移転登記と引渡しがFからYにされた。Yが甲を購入した際，AがAとEとの甲売買契約を取り消したことをYは知らなかった。

Aは2023年5月8日に心筋梗塞で急死し，Xが単独の相続人となった。現在は2023年6月1日である。

Keypoints

1 不動産物権変動の公示と公信の問題とはどのようなものか。

2 取消しの効力に関する考え方の違いは，公示と公信の問題，要件事実上の位置づけの問題にいかなる影響をもたらすか。

3 一般承継と特定承継の関係はいかに理解するべきか。

Questions

⑴　EF間の契約が2023年3月22日に成立していると考えた場合，Xは，Yに対して，甲の移転登記を請求することができるか。

⑵　EF間の契約が2023年3月26日に成立していると考えた場合，Xは，Yに対して，甲の移転登記を請求することができるか。

Materials

1）　必読文献

□山本『民法講義Ⅰ』237〜250頁
□佐久間『総則』148〜176頁
□佐久間『物権』58〜91頁
□安永『物権・担保物権法』45〜55頁，69〜82頁

2）　参考文献A

□鎌田薫『民法ノート物権法①〔第4版〕』（日本評論社，2022年）3〜21頁
□司研『要件事実Ⅰ』247〜253頁
□司研『紛争類型別』53〜76頁

3）　参考文献B

□田高寛貴『クロススタディ物権法』（日本評論社，2008年）53〜66頁
□七戸克彦「遺贈と登記」鎌田薫ほか編『新・不動産登記講座　総論Ⅱ』（日本評論社，1998年）105〜109頁

4）　参考判例

□①大判昭和17年9月30日民集21巻911頁〔百選Ⅰ 51〕

□②最判平成8年10月29日民集50巻9号2506頁〔百選Ⅰ 58〕

Ⅱ－2　不動産物権変動と占有の承継・取得時効

兄B_1と弟B_2はAを親とする兄弟である。Aは配偶者に先立たれており，また，Aも1991年4月2日に死亡した。

Aには土地を中心とした遺産があり，ここには土地甲が含まれていた。Aが残した遺言では甲をB_1に譲る旨が記されていたものの，遺言の効力についてB_1とB_2で争いが生じた結果，B_1とB_2の間で1992年2月7日に，書面で次の和解が成立した。すなわち，甲以外の遺産をB_1とB_2で分け合うとともに，甲をB_1の所有とする代わりに，甲の固定資産税をB_2の負担として甲をB_2の死亡までB_1からB_2へ貸与する旨の合意が行われた。この和解に基づき，同月9日に甲は相続を原因としてAからB_1への所有権移転登記が経由されるとともに，甲はB_1からB_2へと引き渡され，また，B_2の資金でB_1名義での固定資産税支払のための銀行口座が開設されて口座引き落としの形で固定資産税支払が行われることになった。

1993年2月10日，B_2は甲土地に建物乙を建築し，乙の所有権保存登記を行って，配偶者B_3，子C_2と乙に移り住んだ。C_2は当時幼かったことやB_1とB_2との係争中はB_3の実家に引き取られていたこともあって上記のようなB_1とB_2の争いを知らなかった。また，B_2からは兄B_1の面子を立てて土地甲の登記や固定資産税支払口座はB_1の名義になっているだけで，B_1が亡くなれば登記名義はB_2家に戻してもらえる予定であると聞かされていた。さらに，B_1とB_2は上記の遺産争いで仲が険悪となっており，C_2はB_1に直接会ったことがなかった。このためB_2の発言の真偽を確かめることもできなかった。以上の経緯があって，C_2は，甲がB_2のものであると信じていた。

2009年3月3日，C_2は就職に伴い乙を出て，別の場所に移り住んだ。しかし，2012年1月17日にB_2とB_3が亡くなった。そこで，C_2は，同月20日に乙のカギを引き取り，相続を原因として乙の登記を経由するとともに，また，それ以降はB_1名義となっていた固定資産税の支払口座への入金をB_2に代わって続けてきた。2013年7月5日，C_2はZに乙を1000

万円で売却するとともに，甲を賃料月10万円，権利金1000万円としてZに貸し渡し，現在でもZが乙に居住している。しかし，乙の登記は現在までC_2のままである。

2021年5月5日，Aと同様に配偶者に先立たれていたB_1は死亡し，子C_1がこの唯一の相続人となった。これを知ったC_2はC_1に，自己名義への甲の登記を求めた。しかし，B_1とB_2で成立した上記和解の内容を示す書面を根拠に，C_1はC_2の要求を拒絶した。

C_1は当初，C_2が親族であることから即時に乙の収去やZの立ち退きを求めることはせず，話し合いによって解決することを求めた。しかし，話し合いは不調に終わり，2022年の1月3日にC_2は甲をYに2000万円で譲渡し（その際，C_2，Y，Zの間で，C_2の甲賃貸人の地位をYが引き受けることも合意された），同年の6月25日にC_1は甲を1500万円でXに譲渡した。この際，Xは，甲が何十年にもわたって乙を建築したB_2により占有されてきたことを知っていた。同月28日，相続を原因としてB_1からC_1への甲の所有権移転登記が経由されるとともに，売買を原因としてC_1からXへの甲の所有権移転登記が経由された。

なお，甲の上にはC_2が2021年4月ごろに購入して登録した自動車丙が置かれていた。丙はZがC_2に無償で置かせていたものであったところ，この丙は2022年7月1日に50万円でZに譲渡された。しかし，丙の登録はC_2のままである。

現在は2023年7月6日である。

（参考条文：道路運送車両法4条「自動車（軽自動車，小型特殊自動車及び二輪の小型自動車を除く。以下第29条から第32条までを除き本章において同じ。）は，自動車登録ファイルに登録を受けたものでなければ，これを運行の用に供してはならない。」

同法5条1項「登録を受けた自動車の所有権の得喪は，登録を受けなければ，第三者に対抗することができない。」）

Keypoints

1　相続と取得時効の問題をどのように理解するべきか。

2 賃借権時効取得の要件はどのようなものか。

3 物権的請求権の相手方はどのように確定されるか。

Questions

(1) Xが甲土地について権利主張をするために準備を始めたとの話を聞きつけたYは，先手を打って，自分が甲土地所有者なのだから甲土地の所有名義を自分のものにしたいと考えた。Yはこのような請求をすることができるか。

(2) Xはどのような権利行使の方法がありうるか。

(a) Xは，C_2とZを相手方として，乙建物の収去と甲土地の明渡しを求めることができるか。

(b) Xは，C_2とZを相手方として，丙自動車の収去と甲土地の明渡しを求めることができるか。

Materials

1） 必読文献

□佐久間『物権』108～117頁，298～305頁

□安永『物権・担保物権法』63～69頁，250～259頁

2） 参考文献A

□司研『紛争類型別』53～70頁，76～79頁

□尾島茂樹「賃借権の時効取得」千葉恵美子ほか編『Law Practice民法Ⅰ〔第5版〕』（商事法務，2022年）158～163頁

3） 参考文献B

□松岡久和「物権的請求権」大塚直ほか編著『要件事実論と民法学との対話』（商事法務，2005年）186頁

□児玉寛＝小泉博嗣「取得時効と登記」鎌田ほか編著『民事法Ⅰ』281～297頁

4） 参考判例

□①最判昭和46年11月30日民集25巻8号1437頁

□②最判昭和62年6月5日判時1260号7頁〔百選Ⅰ 43〕

□③最判平成6年2月8日民集48巻2号373頁〔百選Ⅰ 47〕

□④最判平成8年11月12日民集50巻10号2591頁〔百選Ⅰ 63〕

□⑤最判平成18年1月17日民集60巻1号27頁〔百選Ⅰ 54〕

Ⅱ－3 動産物権変動と即時取得・原状回復

Xは，自転車甲乙丙を，2022年1月10日にそれぞれ20万円で自転車販売店から購入し，利用してきた。Xは，自他ともに認める自転車マニアであり，所有する自転車に独自のチューンナップを行っていた。このことが口コミを通じて評判になり，Xの所有する自転車を借りたい，買いたいという人がXのもとを訪れる状況にあった。

この丙につき，2022年4月8日に，Xは，友人のZ_1に，期限の定めなく丙を無償で預かってもらう合意を行い，丙を引き渡した。また，同月15日，こうしたXとZ_1の契約枠組みを伝えた上で，XはZ_2から20万円を借りるとともに，この貸付金返還債権を担保するため丙を担保目的で譲渡した。なお，このXとZ_2の担保目的での譲渡の際に，Z_2のためにXは丙を占有すること，丙は現在Z_1が預かっているがXの方がZ_2より自転車の扱いに長けているためXがZ_1から返還を受けて利用・収益し続けること，Z_1に借金の存在を知られないようにするためZ_1には通知しないこと，これらが合意された。

ところが，連続窃盗犯Bにより，同年4月16日，Z_1のもとから丙が盗まれ，翌日，Xのもとから甲と乙が盗まれた。

その後，甲乙丙は，Yのもとに存在することが判明した。Yは，中古自転車を仕入れて販売する業者である。Yが甲乙丙を占有することになった経緯としては，Yと長年の取引関係がある別の中古自転車販売業者Aから，同年5月15日に甲乙丙の買取りを，各50万円で依頼され，代金150万円を支払うとともに甲乙丙の引渡しを受けたからである（この価格は，甲乙丙に施されたチューンナップからすれば，妥当な値段の範囲内であった）。なお，Aは，甲乙丙の買取りを求めてきたBから同年4月30日にこれらを購入し，Bから甲乙丙の引渡しを受けた。しかし，このAB間の取引の背景事情としては，多額の取引であるから慎重さを要求するAに対して，Bは「幾分値引きされてもよいから，直ちに現金でこれを買い取ってほしい。」と述べ，甲乙丙合わせて110万円での取引を求めてきたので，これにAが応じたとの事情がある。

甲乙丙を探していたXは，2023年7月17日になって，Yのホームページで甲乙丙が売られていることを見つけた。そのため，同月18日にYのもとを訪れて甲乙丙の返還を求めた。これに対し，Yは，自らも150万円の支出をして甲乙丙を購入したのだから，支払った150万円の代金と引換えでないと返還には応じられないと述べた。盗まれた物の取戻しのためにお金を払わないといけないのはおかしいと考えたXは，外に展示されていた乙を，Yの承諾を得ることなく持ち帰った。

現在は，2023年8月1日である。

Keypoints

1 即時取得・善意取得に関する条文の構造はどのようなものか。

2 物権的請求権以外の物権法上の返還請求権にはどのような特性があるか。

3 引渡しの要件はどのようなものか。

Questions

(1) Xは，Yに対して，甲の引渡しを請求できるか。

(2) Yは，Xに対して，乙の購入に用いた50万円の支払を求めることができるか。

(3) Z_1またはZ_2は，Yに対して，丙の引渡しを請求できるか。

(a) Z_1は，Yに対して，丙の引渡しを請求できるか。

(b) Z_2は，Yに対して，丙の引渡しを請求できるか。

Materials

1）必読文献

□佐久間『物権』133～139頁，146～161頁，314～319頁，325～332頁

□安永『物権・担保物権法』15～26頁，106～109頁，112～129頁，225～230頁

2）参考文献A

□司研『紛争類型別』119～134頁

□阿部裕介「輸入商品を直接占有しない輸入業者による輸入商品の譲渡担保と占有改定の成否」金法2097号（2018年）29～32頁

3）参考文献B

□安永正昭「民法192条～194条（動産の善意取得）」広中＝星野編『百年Ⅱ』457～

501 頁

□能見善久「取引の安全・第三者保護・公信の原則(1)〜(3)」法教 224 号 79 頁，225 号 75 頁，226 号 89 頁（各 1999 年）

□槇悌次「即時取得」星野英一ほか編『民法講座 第 2 巻』（有斐閣，1984 年）299 頁

4） 参考判例

□①最判昭和 41 年 6 月 9 日民集 20 巻 5 号 1011 頁

□②最判平成 4 年 10 月 20 日民集 46 巻 7 号 1129 頁

□③最判平成 12 年 6 月 27 日民集 54 巻 5 号 1737 頁〔百選Ⅰ 65〕

□④最決平成 29 年 5 月 10 日民集 71 巻 5 号 789 頁

II－4 請求権競合――他人物寄託・混合寄託

Aは，長年にわたり印刷業を営んでいたが，取引先の倒産のあおりを受けて突然に経営状況が悪化したことから，2022年11月30日に一時休業し，時機をみて再開することにした。

Aは，2022年12月上旬に，自らが所有している事務机と椅子のセット（以下，このセット〔型式〕を「α」という）30個を，父親が複数の不動産を所有している大学の後輩Bに頼み込んで，一時休業する間，月額10万円を支払って預かってもらうことにした。そして，2022年12月20日に，Bとの間で，保管料月額10万円（前月末払），期間4か月，ただし，両者の合意による更新あり，α30個のセットの引渡日は2023年1月28日とする契約書を交わした。なお，αは，C社製で，大量に生産され，日本全国に流通し，中古市場も存在する汎用品である。

Bは，Aからの依頼を引き受けたものの，自らの予想に反して父親が自己所有の不動産を保管場所とすることに対して首を縦に振らなかったことから，α30個の保管場所を見つけるのに苦慮し，2023年1月中旬，知人のDが所有する甲建物において無償で預かってもらうことにした。同月20日頃に，Dも，これに同意した。そして，2023年1月26日に，Bはこの旨をAに告げ，同月28日に，α30個がAの手で甲建物に搬入された。

ところで，Dは，これに先立つ2022年9月頃，同じ型式αのセットを所有する知人のEから，α30個を無償で預かり，甲建物内で保管していた。2023年1月20日頃に，Dは，このことをBに告げ，あわせて，同じ型式のαであるから一緒に保管すると伝え，Bもこれに同意した。ほぼ時期を同じくして，Dは，Eに対しても，Bから預かることとなったαを一緒に保管すると伝え，Eもこれに同意した。

2023年3月1日に，甲建物の所在する地を季節外れの豪雨が襲い，これによる河川の氾濫を受けて，甲建物が浸水し，α60個のうち，1階に置かれていたα20個が修復不能なまでに破損した。この20個がAから引き渡されたものか，Eから引き渡されたものかは不明である。

Aは，2023年7月1日から営業を再開しようと考え，同年5月1日に，Bに対し，同月31日付でのα 30個を保管する契約の解約を申し入れた。そして，同年6月15日に，Dに対して，α 30個を自らに対して引き渡すよう申し入れた。

現在は，2023年8月4日である。この時点で，Aは，いまだα 30個の返還を受けていない。そのため，Aの営業再開も滞っている。再開前で，かつ，経営が悪化する前のAの営業収支は，月額にして100万円の黒字であった。BもDも，商法その他の事業法にいうところの倉庫業者ではない。

Keypoints

1 所有権に基づく原状回復と契約に基づく原状回復の関係は，どのように考えればよいか。

2 債権法改正後の民法下では，寄託において第三者が権利主張をした場合の原状回復関係とそれに伴う関係者間の権利関係の調整のあり方は，どのようなものとして捉えられているか。

3 債権法改正後の民法は，再寄託や混合寄託の制度に関して，どのような規定を用意しているか。また，それぞれの制度を扱う規律がもつ意味は何か。

Questions

(1)　Aは，Dに対して，いかなる請求をすることができるか。想定されるDの反論も踏まえて検討せよ。

(2)　上記(1)と異なり，2023年8月4日に，Dは，Aからα 30個の返還を求められたことから，これに応じて，α 30個をAに対して引き渡したとする。

(a)　この状況下で，Eは，Dに対して，いかなる請求をすることができるか。想定されるDの反論も踏まえて検討せよ。

(b)　この状況下で，Eは，Aに対して，いかなる請求をすることができるか。想定されるAの反論も踏まえて検討せよ。

Materials

1）　必読文献

□潮見『基本講義Ⅰ』285～294頁

□中田『契約法』545～560頁

2）　参考文献A

□筒井＝村松編著『一問一答』355～368頁

□岡本裕樹「寄託」潮見ほか編『詳解改正民法』529～538頁

□伊藤滋夫編著『新民法（債権関係）の要件事実Ⅱ』（青林書院，2017年）592～603頁〔今出川幸寛〕

3）　参考文献B

□山本編『新注釈民法⒁』378～385頁，391～397頁，400～409頁〔吉永一行〕

□水津太郎「受寄者の返還義務と民法178条の『第三者』」秋山ほか編著『債権法改正』381～393頁

4）　参考判例

□①最判平成21年1月19日民集63巻1号97頁〔百選Ⅱ6〕

Ⅱ－5　相続と物権変動

Pには，配偶者Aと3人の子B，C，Dがいる。Pは，2021年3月1日に死亡した。Pの遺産には，預金債権や諸々の動産の他，とりわけ土地甲と絵画乙があった。AないしDは，これらの遺産の分割について協議した上，Dが甲を取得し，Bが乙を取得することとされ，2021年12月1日，その旨の遺産分割協議書が作成された。これを受け，甲についてD単独名義での相続登記がされ，またBは乙を自宅倉庫に搬入した。

その後，2022年2月1日，DはEに対して甲を4000万円で譲渡し，移転登記手続を行った。同年8月1日，Bは知人であるFに対して乙を1000万円で譲渡した。ただし，Fが乙を保管するのに適切な場所を有していないことから，当面の間，引き続きBが乙を保管し続けることとされた。

こうして，Pの相続に関する処理はひととおり片付いたかに見えた。しかし，2023年1月1日，BがDの自宅を訪れた際に，偶然，P名義の遺書らしきものを発見した。BがDを問い詰めたところ，Dは，Pの死亡直後にPの自宅でその遺書を発見したが，今に至るまでそれを隠し持っていたことを認めるに至った。その遺書には，「甲をBに相続させる。」と記されていた。なお，Aは，Pが遺書らしきものを遺していたこと，そしてそれをDが持ち去ったことに気づいていた（遺書の内容は知らなかった）。しかし，遺書が出てくることによって遺産分割をめぐるトラブルが生じるのは避けたいと思っていたため，そのことについては，遺書の存在自体も含め，誰にも言ってこなかった。

憤慨したBは，遺書を隠匿したDにPの遺産を取得する資格はないと主張した。これに対し，AおよびCは，DがAの生前Aの世話をしてきたことなどを持ち出して，Dに一切遺産を取得させないというのは行き過ぎではないかと働きかけた。AないしCは長期間にわたり断続的に話し合いの機会を持ったものの，Bは最後まで折れず，結局，AないしCで改めて遺産分割をするということで話がまとまった。そして，2027年

12月1日，遺言の内容どおりにBが甲を取得し，Cが乙を取得する旨の合意をした。

なお，乙は，2023年4月1日にBからFに引き渡されている。その際，Fは，Dによる遺言隠匿が発覚して上述のようなトラブルが生じていることを知っていた。

現在は，2028年2月1日である。

Keypoints

1 2018年相続法改正後の民法においては，相続を契機として生じる諸種の権利変動のあり方はどのようなものとして理解すべきか。

2 相続人らしき外観を有する者から，相続により取得したとされる財産を取得した者の保護は，どのようにして図るべきか。

3 共有持分権を有する者は，誰に対してどのような請求をすることができるか。

4 所有権に基づく返還請求に対して，目的物の占有権原を有する者は，どのようにして自己の権利を主張していけばよいか。

Questions

(1)　Bは，Eに対していかなる請求をすることができるか。想定される反論も踏まえて検討せよ。

(2)　Cは，Fに対していかなる請求をすることができるか。想定される反論も踏まえて検討せよ。

Materials

1）　必読文献

□佐久間『総則』135〜147頁

□山本『民法講義Ⅰ』167〜177頁

□安永『物権・担保物権法』56〜63頁，93〜104頁，183〜189頁

□佐久間『物権』94〜107頁，218〜230頁

2）　参考文献A

□潮見佳男『詳解 相続法〔第2版〕』（弘文堂，2022年）45〜54頁，370〜375頁

□水津太郎「相続と登記――相続による不動産物権の承継の対抗要件」ジュリ1532号（2019年）48頁

□潮見編『新注釈民法⑲』368～373頁〔副田隆重〕

3）　参考文献Ｂ

□武川幸嗣「権利外観法理の『効用』と『副作用』・その１・その２」同『プラスアルファ基本民法』（日本評論社，2019年）１～21頁

□沖野眞已「相続財産は危険がいっぱい？その１・その２」窪田充見＝佐久間毅＝沖野眞已編著『民法演習ノートⅢ――家族法21問』（弘文堂，2013年）251～306頁【ただし，2018年相続法改正には非対応】

4）　参考判例

□①最判昭和35年2月11日民集14巻2号168頁〔百選Ⅰ 64〕

□②最判昭和41年5月19日民集20巻5号947頁〔百選Ⅰ 70〕

□③最判昭和42年10月31日民集21巻8号2232頁

□④最判平成7年12月5日判時1562号54頁

□⑤最判平成18年2月23日民集60巻2号546頁〔百選Ⅰ 21〕

Ⅱ－6　振込取引と原状回復・不当利得

Aは，土木機械の製造を業とする株式会社である。BとCは，いずれも，土木機械の部品の製造を業とする株式会社である。

Aは，2023年4月4日，Bとの間で，Bの製造する部品甲を100個，代金300万円で購入する契約を結んだ。この契約では，甲100個は同年5月10日までにBからAに引き渡されるものとし，代金は，引き渡された部品をAが1週間以内に検査した後，同年5月29日までに銀行振込みの方法により支払われるものとされていた。

Bは，同年5月10日に，甲を100個，Aに引き渡した。しかし，同月14日に，Aは，Bに対し，電子メールにより，「引渡しを受けた物品を検査したところ，その2割以上に不具合が見つかったから，代金300万円の支払を留保する。」旨を通知した。これに対し，Bは，同日，「不具合などないはずだから，再検査してほしい。」との通知を郵便で出した。この通知は，Aに到達している。その後，Bは，Aからの連絡を受けずにいた。

他方，Aは，2023年4月6日，Cとの間で，Cの製造する部品乙を50個，代金300万円で購入する契約を結んでいた。この契約では，乙50個は同年5月12日までにCからAに引き渡されるものとし，代金は，引き渡された部品をAが1週間以内に検査した後，同年5月29日までに銀行振込みの方法により支払われるものとされていた。

Cは，同年5月11日に，乙を50個，Aに引き渡した。Aは，引き渡された部品を検査したところ，不具合がなかったことから，Cに対し，電子メールにより，「同月29日までに代金を支払う。」旨を通知した。

Aの経理部の部長Pは，同年5月29日の午前中に，経理担当者Qに対し，D銀行京都支店に開設しているAの普通預金口座から，E銀行大阪支店に開設しているCの普通預金口座に，インターネット回線を使い300万円を振り込むように指示した。

Qは，同日の午後1時30分に，D銀行京都支店に開設しているAの普通預金口座から，E銀行大阪支店に開設しているBの普通預金口座に，インターネット回線を使い300万円を振り込んだ。Bの普通預金口座には，同日，Aから300万円の入金があった旨の記帳がされた。

同年6月1日になって，Pは，Cから，乙の売買代金が振り込まれていないとの連絡を受けた。驚いたPが調べたところ，Qが300万円の振込先を誤ったことが判明した。Pは，直ちに，この旨をE銀行大阪支店の担当者に電話連絡し，支店長に取り次いでもらい，善処方を依頼した。

ところで，E銀行大阪支店に開設しているBの預金口座の残高は，同年5月29日の上記振込みがされる前は100万円の残高であった。Bは，同年5月30日から31日にかけて，E銀行の支店に開設されている現金自動預払機を利用して，自己の上記普通預金口座から総額200万円を引き出している。

現在は，2023年6月2日である。この日の取引開始時において，E銀行大阪支店に開設しているBの預金口座の残高は，200万円である。

Keypoints

1 振込取引は具体的にどのような過程をたどり，それらは法的にどのように捉えられるか。

2 誤振込があった場合の法律関係はどのように捉えるべきか。誤振込金の払戻しと詐欺罪の成否に関する刑事判例の考え方は，金銭の払戻しに関する民法の理論に対して，いかなる影響を及ぼすか。

3 誤振込についての原状回復は，不当利得の類型論からはどのように理解すべきか。

4 債権の帰属の侵害の場面で，不当利得法理はどのように展開するか。

Questions

(1)　Aは，Bに対して，300万円の返還を請求することができるか。Bからの反論の可能性を考慮に入れて，検討せよ。

(2)　Bは，E銀行に対して，200万円の払戻しを請求することができるか。E銀行からの反論の可能性を考慮に入れて，検討せよ。

(3)　Cは，Bに対して，300万円の支払を請求することができるか。Bからの反論の可能性を考慮に入れて，検討せよ。

Materials

1）　**必読文献**

□潮見『基本講義Ⅱ』373～382頁

□中田裕康「誤振込みによる預金債権の成否――振込依頼人と差押債権者との関係」法教194号（1996年）130～131頁

2）　**参考文献A**

□三上徹「誤振込と預金の成立」銀行法務21・645号（2005年）10～13頁

□川地宏行「預金契約」千葉恵美子ほか編『Law Practice 民法Ⅱ〔第5版〕』（商事法務, 2022年）164～171頁

□窪田編『新注釈民法⒂』237～257頁〔竹内努〕

3）　**参考文献B**

□松岡久和「判批・最判平成8年4月26日（参考判例②）」平成8年度重判解73頁

□大坪丘「判解・最判平成8年4月26日（参考判例②）」最判解平成8年度㊤364～388頁

4）　**参考判例**

□①最判昭和49年9月26日民集28巻6号1243頁〔百選Ⅱ 71〕

□②最判平成8年4月26日民集50巻5号1267頁〔百選Ⅱ 63〕

□③最決平成15年3月12日刑集57巻3号322頁

□④最判平成20年10月10日民集62巻9号2361頁

Ⅱ－7　物への費用投下と原状回復

A（1950年生まれ）は，2019年12月10日死亡した叔父Pから遺贈を受けて，甲土地と同地上にある乙建物（2階建て。1階床面積100平方メートル・2階床面積80平方メートルで，築5年の鉄骨モルタル構造）を所有していた。しかし，Aは，甲土地・乙建物を使用していなかった。

Aは，弟であるB（1960年生まれ）からの申入れを受けて，2020年4月1日に，甲土地および乙建物をBに無償で使用させることに同意し，同日，甲土地・乙建物をBに引き渡した。その際，使用許諾に先立ち，Bは，Aに対して，乙建物において自分の費用で1階の室内を改修して飲食店を営業し，2階は今のままで自分が居住するつもりであると伝え，Aもこれに同意していた（このことを述べたB自筆の手紙が残されている）。

その後，2024年1月頃から，母親の遺産の配分をめぐりA・Bの関係が悪化したものの，甲土地・乙建物の使用については，AはBに対して特段の申入れをしていなかった。

2026年2月2日，Aが死亡した。Aの遺品を整理していた家族は，Aが生前使用していた机の引出しの中にAの自筆になる2025年3月18日付の遺言書を発見した。その中には，「甲土地と乙建物を私の内縁の妻であるCに遺贈する。」との内容が書かれていた（遺言は方式を充たし，遺言意思の点でも何ら問題のないものであったとする）。

Cは，Aの生存中にBとの関係が悪化していたことを知っており，この際，甲土地と乙建物を取り戻したうえで，乙建物に居住しようと考えるに至った。

そこで，Cが探偵業者Dに依頼して，事前にBの甲土地・乙建物の使用状況を探ったところ，以下のことが判明した。

①　Bは，飲食店開業にあたり，2020年4月25日までに，乙建物の1階の改造に600万円を費やしている。

②　乙建物の1階部分には，飲食店開業直後の2020年4月20日に100万円が支払われてほぼ同価値のカラオケ設備が設置されている。

③　乙建物の1階部分には，音楽家のライブができるように，2025年4月1日頃に舞台装置および音響設備が設置されている。そのために，Bは300万円を費やしている（この額も，設備とほぼ同価値である）。

④　2020年8月20日の地震により，乙建物の外壁が壊れたため，Bが300万円の費用を支出して修理をしている。

⑤　乙建物の2階部分には，愛煙家のBが吸っているたばこの臭いと脂がしみ込んでいるようである。また，2階の冷蔵庫を置いてある部分の床がへこんでいるようである。

⑥　乙建物の2階部分の床と内壁には，1階からの音が漏れて伝わらないように，2021年夏頃に，100万円をかけて防音工事が施されているようである。

⑦　甲土地上には，Bが止めるのを聞かず，常連客Eがスクラップ状態になった自動車を2年前から放置している。

⑧　乙建物の営業によるBのもとでの収支は，平均して月額50万円の黒字である。

現在は，2026年4月20日である。

Keypoints

1 自らが所有する物を他人に貸した場合において，この物を取り戻す際の訴訟物は何か。

2 債権法改正後の民法では，原状回復請求権，収去義務，収去権，費用償還請求権の関係はどのようになっているか。

3 原状回復の内容および費用償還請求権の成否について，賃貸借の場合と使用貸借の場合とで違いがあるか。

4 費用償還請求に対する貸主側の抗弁としては，民法を横断的に捉えたとき，何が考えられるか。

Questions

(1)　Cは，Bに対して，甲土地および乙建物からの退去を求めることができるか。想定されるBの反論も踏まえて検討せよ。

(2)　2026年4月20日に，BとCが，甲土地・乙建物をBがCに対して明け渡すことについて合意したとする。あとは，原状回復をめぐり，甲土地・乙建物の現状をどのように処理するかで，BC 間で意見の相違がある。

(a)　この点について，C は，B に対して，いかなる請求をすることができるか。想定される B の反論も踏まえて検討せよ。

(b)　この点について，B は，C に対して，いかなる請求をすることができるか。想定される C の反論も踏まえて検討せよ。

Materials

1）　必読文献

□潮見『基本講義Ⅰ』139～151 頁

□中田『契約法』373～386 頁

2）　参考文献 A

□筒井＝村松編著『一問一答』301～309 頁

□秋山靖浩「物と添付」千葉恵美子ほか編『Law Practice 民法Ⅰ〔第 5 版〕』（商事法務，2022 年）190～197 頁

□伊藤滋夫編著『新民法（債権関係）の要件事実Ⅱ』（青林書院，2017 年）484～543 頁〔田村伸子〕

□司研『要件事実Ⅱ』57～65 頁，119～127 頁

3）　参考文献 B

□松尾弘「賃貸借・使用貸借(3)――契約の成立・終了」潮見ほか編『詳解改正民法』484～493 頁

□森田宏樹『債権法改正を深める――民法の基礎理論の深化のために』（有斐閣，2013 年）40～59 頁

4）　参考判例

□①最判昭和 38 年 5 月 24 日民集 17 巻 5 号 639 頁

□②最判昭和 42 年 11 月 24 日民集 21 巻 9 号 2460 頁

Ⅱ−8 不法行為Ⅰ——交通事故

P（20歳）は，K大学に通う大学生である。2022年11月1日19時頃，Pはいつものように長引いたゼミを終え，自転車で帰宅の途に就いていた。既に日は落ちており，あたりは薄暗かったが，Pは自転車のライトを点灯させていなかった。

帰宅途中，なだらかな下り坂となった道路（幅員5m程度，センターラインなし）があり，Pはそこを減速せずに駆け下りるのを常としていた。同日，Pがいつものようにその道路に差しかかったとき，道の左側に1台のタクシーが停車していた。これを安全に追い越すため，Pは後方を確認し，後続の車両との距離が十分であることを確認した上で，タクシーのすぐ側を時速20キロほどの速度で通過しようとした。その瞬間，タクシーの前方の影からA（55歳）がPの進路に現れた。Pはブレーキをかける余裕もなく，そのままAに衝突した。Aは直ちに病院へ搬送された。2か月の入院の後，Aには下半身不随・視野狭窄等の後遺症が残り，車いす生活を余儀なくされるようになった。

Aは，事故現場に停車していたタクシーに乗ってその場所で降りた後，道路を渡って向かいにあるコンビニエンスストアに立ち寄ろうとしていたところだったが，その際十分に左右の確認をしていなかった。

Aは，B社に勤務する会社員であり，年収はおよそ1000万円である。AはB社においてその後も従前と同じ業務を継続し，給料額にも減少はなかった。入院中の2か月の間にも，給料の支払は継続されていた。ただし，Aは事故当時，自らの人脈を活用してC社との大型取引に向けた交渉に当たっていたところ，事故の影響でこの取引は実現しなかった。

事故後，Aについての必要な介護は，出退勤の際の付添を含め，妻で専業主婦であるXが一手に引き受けることになった。また，Aは，自宅をバリアフリー化するための工事に500万円の費用を支出した。

事故から半年ほど経ち，Aは後遺症を抱えつつ従前の業務をこなす苦労にもどうにか慣れ始めていた。そんな矢先の2023年6月4日早朝，A

がいつものようにXに車いすを押してもらいながら通勤していたところ，信号を無視して交差点に進入してきたQの自動車と衝突した。この事故によりAは頭部を強打し，病院に搬送されてからほどなくして死亡した。

現在は，2023年10月1日である。Xは，Aの唯一の相続人である。

Keypoints

1 不法行為における過失の判断は，どのように行われるか。

2 人身損害において賠償されるべき損害は，どのように把握されるか。

3 いわゆる間接被害者に生じた損害は，どのように処理されるか。

Questions

(1) Xは，Pに対して損害賠償を請求することができるか。

(a) Xは，誰のどのような損害について，どのような法律構成に基づき損害賠償請求をすることが考えられるか。

(b) Pにつき，権利侵害，故意・過失および因果関係の要件が充たされるか。

(c) Pはどのような損害項目について，いかなる限度で賠償の義務を負うか。

(ア) XはAの逸失利益の賠償を請求できるか。できるとした場合，その額はどのようにして算定されるか。

(イ) Xは，Aが支出した自宅改造費の賠償を請求できるか。仮に500万円全額の賠償は認められないとされる場合，その理由としてはどのようなことが考えられるか。

(ウ) Xは，Aの介護費用の賠償を請求できるか。

(エ) 他にどのような損害項目が考えられるか。

(d) Pは，どのような抗弁を提出することができるか。再抗弁以下と併せて検討しなさい。

(2) Xは，Qに対して損害賠償を請求することができるか。

(a) Qの損害賠償責任は，どの規定により認められうるか。

(b) Qはどのような損害項目について，いかなる限度で賠償の義務を負うか。

(c)　Qは，どのような抗弁を提出することができるか。再抗弁以下と併せて検討しなさい。

(3)　Bは，Pに対して損害賠償を請求したい。

(a)　Bは，Aの入院中に支払った給料相当額の賠償を請求することができるか。

(b)　Bは，C社との取引が成立しなかったことにより失った利益の賠償を請求することができるか。

Materials

1）　必読文献

□潮見『基本講義Ⅱ』25～36頁，41～89頁，99～103頁，124～130頁

□橋本ほか『民法Ⅴ』135～152頁，171～191頁，229～235頁

□吉村『不法行為法』71～82頁，97～106頁，134～190頁

2）　参考文献A

□佐久間毅＝曽野裕夫＝田高寛貴＝久保野恵美子『事例から民法を考える』（有斐閣，2014年）302～319頁〔田高寛貴〕

□筈井卓矢「間接損害の諸問題1（企業損害）」森冨義明＝村主隆行編著『交通関係訴訟の実務』（商事法務，2016年）146～160頁

3）　参考文献B

□窪田充見「損害概念の変遷――判例における最近10年間の展開」日弁連交通事故相談センター編『交通賠償論の新次元』（判例タイムズ社，2007年）75～90頁

□窪田編『新注釈民法⑮』399～405頁〔前田陽一〕

4）　参考判例

□①最判昭和42年11月10日民集21巻9号2352頁

□②最判昭和43年11月15日民集22巻12号2614頁〔百選Ⅱ 90〕

□③最判昭和51年3月25日民集30巻2号160頁

□④最判昭和56年12月22日民集35巻9号1350頁〔百選Ⅱ 91〕

□⑤最判平成8年4月25日民集50巻5号1221頁〔百選Ⅱ 92〕

□⑥最判平成8年5月31日民集50巻6号1323頁

□⑦最判平成11年12月20日民集53巻9号2038頁

□⑧最判令和2年7月9日民集74巻4号1204頁〔百選Ⅱ 94〕

Ⅱ－9　不法行為Ⅱ――人格権侵害

X（60歳）は，元人気タレントであり，往年は複数の映画やドラマに出演しただけでなく，バラエティ番組などにも度々出演していた。しかし，2年ほど前，週刊誌で不倫が取り沙汰されたのを機に，芸能界を引退すると宣言して以来，メディアへの露出はない。しかし，現在もいわゆるSNS等を通じてひんぱんに芸能界の事柄，あるいは政治に関して意見を発信しており，なおその影響力は大きい。一部には政界入りも噂されているが，本人はこれを否定している。

Yは，著名人のスキャンダル等をスクープすることで知られる週刊誌Pを発行する出版社である。P誌は，2020年12月1日発売の号において，「独占スクープ！Xの恐喝・黒い交際――元名優のヤバすぎる裏の顔」と題する記事（以下，「本件記事」とする）を掲載した。この記事は，暴力団幹部とされるAらとXが親しげに笑いながらポーズを取る写真が扉ページの上半分に大きく掲載された上で，それに続く本文は大きく2つの部分からなる。前半部分では，Xに恐喝の容疑が浮上しているとした上で，Xから恐喝の被害を受けたと主張するBの話を紹介する形で，恐喝の具体的事実およびそれについて刑事告訴がされた旨が記載されている。後半部分では，Xの「裏の顔」として，冒頭の写真に説明を加えつつ，Xが暴力団員と密接な関係を有している旨が記載されるとともに，亡き父親がいわゆる被差別部落の出身であることも指摘されている。記事の末尾は，このようなXが様々なテーマに関してご意見番を気取り，ひいては政界入りを目論んでいることに対する批判で締めくくられていた。

本件記事作成に当たり，恐喝容疑については，Yに所属する記者がBに対し聞き取り調査を行った。暴力団との関係については，Xの知人を名乗るCがYに対し上記写真を売り込んできたのに対し，これに応じた上でYの記者がCに対し聞き取り調査を行った。これらの点については，それ以上の取材は行われていない。

P誌のこの号は，本件記事が話題となったことに加え，引退後その姿を公の場やSNS上に現すことのなかったXの風貌が比較的鮮明に写されていることも手伝ってか，50万部を売り上げ完売となった。なお，雑誌発売後間もなくして，上記とほぼ同様の記事がP誌のオンライン版にも掲載されるに至った。

これに対し，XはさっそくSNSを通じて反応し，本件記事中に掲載された写真は，たまたま声をかけたAの求めに応じて撮影されたものに過ぎず，Aの人となりについては知る由もなかったと釈明した。その上で，「P誌は名誉毀損の犯罪雑誌だ。」，「P誌編集部の連中の方が，暴力団なんかよりよっぽど反社会的だ。」などと激しい批判を繰り広げた。

その後，Xに対する刑事手続が開始され，2021年6月1日に第一審で執行猶予つきの詐欺の有罪判決が下された。これに対しX側は控訴せず，判決は確定した。

現在は，2021年9月1日である。この時点で，Y社のウェブサイト上に上記のオンライン版記事が掲載され続けている。さらに，上記記事の内容やXが有罪とされたことを取り上げた掲示板やまとめサイト等がインターネット上に乱立し，Z社が運営する検索サービスでXの氏名を入力するとこれらが多数表示される状態となっている。

Keypoints

1 一般に人格権と総称される権利には，どのようなものがあるか。

2 人格権に属するそれぞれの権利について，不法行為責任の成否に関する判断はどのような枠組みによって行われるか。

3 人格権に属する権利の侵害について，損害賠償以外の救済を，そもそも，またいかなる要件のもとで求めることができるか。

Questions

(1) Xは，Yに対して損害賠償を請求したい。

(a) Xは，本件記事中の恐喝に関する記述を理由に損害賠償を請求することができるか。

(b) Xは，本件記事中の暴力団員との関係に関する記述を理由に損害賠償を請求することができるか。

(c)　Xは，本件記事における自らの写真の掲載を理由に損害賠償を請求することができるか。

(d)　Xは，本件記事中の父親の出自に関する記述を理由に損害賠償を請求することができるか。

(2)　Yは，Xに対して損害賠償を請求することができるか。

(3)　Xは，Yに対して謝罪広告の掲載およびウェブサイト上の本件記事の削除を求めることができるか。

(4)　Xは，Zに対して検索結果の削除を請求することができるか。現在が2031年9月1日だったとしたらどうか。

Materials

1）　必読文献

□潮見『基本講義Ⅱ』207～223頁

□橋本ほか『民法Ⅴ』127～132頁

□吉村『不法行為法』46～51頁

2）　参考文献A

□前田陽一「第723条（名誉毀損における原状回復）」能見善久＝加藤新太郎編『論点体系 判例民法〔第3版〕8不法行為Ⅰ』（第一法規，2019年）69～116頁

□水野謙「パブリシティ権の法的性質――ピンク・レディー事件」水野ほか『判旨から読み解く』447～462頁

3）　参考文献B

□大塚編『新注釈民法⑯』433～438頁〔大塚直〕

□窪田充見ほか編著『事件類型別 不法行為法』（弘文堂，2021年）283～366頁〔建部雅〕

□村田健介「プライヴァシー侵害による差止請求権と『忘れられる権利』――最決平29・1・31を踏まえて」岡山大学法学会雑誌67巻2号（2017年）374頁以下

4）　参考判例

□①最判昭和41年6月23日民集20巻5号1118頁

□②東京高判昭和54年3月14日高民集32巻1号33頁

□③最判昭和58年10月20日判時1112号44頁

□④最大判昭和61年6月11日民集40巻4号872頁〔百選Ⅰ 4〕

□⑤最判平成6年2月8日民集48巻2号149頁

□⑥最判平成14年9月24日判時1802号60頁

□⑦最判平成15年3月14日民集57巻3号229頁

□⑧最判平成16年7月15日民集58巻5号1615頁

□⑨最判平成24年2月2日民集66巻2号89頁

□⑩最決平成 29 年 1 月 31 日民集 71 巻 1 号 63 頁
□⑪最判令和 4 年 6 月 24 日民集 76 巻 5 号 1170 頁

Ⅱ－10 不法行為Ⅲ――医療過誤

Y病院は，近畿地方の中核病院として有名な総合病院である。2020年12月，A（当時40歳。会社員。前年の年収800万円）は，Y病院での検査により，末期（Ⅳ期）の非小細胞肺がんと診断され，本人に対してその旨が告知された。その後Aは，Y病院に勤務するB医師の指導の下，化学療法（薬物療法）を続けながら入退院を繰り返したが，効果は見られず，治療は手詰まり状態だった。2021年5月の時点で，BはAの妻Xに対し，Aの1年生存率は30〜40%程度だと説明していた。

Zは，抗がん剤αを輸入販売する製薬会社である。αは，日本において，承認手続を簡略化して2021年7月に世界に先駆けて承認された肺がん治療薬である。Zが医療関係者に向けて配布したパンフレット等によると，αはがん細胞やその周辺細胞等にのみ作用するいわゆる分子標的薬であり，正常な細胞をも殺す従来の抗がん剤とは全く作用機序が異なり，副作用が軽いとされていた。実際，承認時点での臨床結果によると，αの奏効率は従来の抗がん剤と少なくとも同等，患者によってはそれ以上である一方，従来の抗がん剤に見られる血液毒性などの重大な副作用が見られなかった。また，同じく抗がん剤の副作用として知られる間質性肺炎*については，従来の抗がん剤と比べて有意な違いが見られなかった。

同年8月，インターネットでαの存在を知ったAが，Bに対しその処方について相談したところ，Bは「調べてみたが，素晴らしい薬のようですね。保険がきかないので自費になりますが，処方は可能です。」と述べた。

その後，9月1日，AはBから「新薬使用に関する同意書」を交付され，αの効果や副作用について説明を受けた上，「同意書」に署名した。なお，「同意書」には，副作用として「肺の炎症によるかぜのような症状：間質性肺炎（呼吸がしにくい）が報告されています。」との記載があったが，この点につき，Bから特に注意すべき副作用であるというような説明はなかった。また，その時点でのαの添付文書（初版）には，「警告」欄はなく，「使用上の注意」欄の「重大な副作用」の項目の4番目に「間質性肺炎があらわれることがあるので，観察を十分に行い，異常が認められた場合には，投与を中止し適切な処置を行うこと。」との記載があった。

Aが同日からαの服用を開始したところ，当初，自覚症状の改善が見られ，10月1日の検査では腫瘍が若干縮小していることも確認された。ところが，同月20日の検査では，肺の両側に間質性肺炎を疑わせる陰影が認められた。同月25日，呼吸困難に陥るなどAの症状が急激に悪化したことから，Bは直ちにαの投与を中止し，ステロイド剤による治療を開始したものの，効果は見られず，同月27日にAは死亡した。

ところで，一般に抗がん剤には間質性肺炎の副作用が存在し，これを発症した場合には致死的となりうることは従来から知られていた。しかし，αの販売開始後，上記のAと同様に急速に重篤化して死亡に至る間質性肺炎の症例が多数報告されたことから，Zは，10月18日付で，推定使用患者数約7000人のうち間質性肺炎22例，そのうちαとの関連性を否定できない死亡例が11例ある旨を記載した緊急安全性情報を発出し，これが医薬品医療機器総合機構のウェブサイトで即日公表された。同時に，αの添付文書を改訂し（第2版），冒頭に「警告」欄を設けて，「本剤の投与により急性肺障害，間質性肺炎があらわれることがあるので，胸部X線検査等を行うなど観察を十分に行い，異常が認められた場合には投与を中止し，適切な処置を行うこと。」と記載した。このように急速に重篤化する間質性肺炎の症状は，αの承認時点までに行われた臨床試験等から予見することができなかった。

現在は，2022年6月1日である。なお，この時点に至るまでの研究により，αによる致死的な間質性肺炎の発症頻度は特に日本人についてのみ高いことが明らかになっている。

＊間質性肺炎：肺胞を囲む間質が炎症等により硬化し呼吸が困難となる病気であり，治療しても治らない場合もあるとされる。

Keypoints

1 医療過誤による生命・身体の侵害に基づく不法行為責任は，どのような点に特色があるか。過失と権利侵害との間の因果関係の証明が困難な場合について，どのような対処が図られているか。

2 説明義務違反による損害賠償は，どのような理論的意味を持ち，どのようにして判断されるか。

3 製造物責任の要件・効果はどのようなものか。それは，民法709条に基づく過失責任と比べてどのような点に特色があるか。

Questions

(1) Xは，Yに対して損害賠償を請求したい。

(a) Xは，Aが死亡したことを理由として損害賠償を請求することができるか。

(ア) B医師に過失が認められるか。

(イ) B医師の過失とAの死亡との間に事実的因果関係が認められるか。

(ウ) 仮にAの死亡につき事実的因果関係が認められない場合，Xの請求を基礎づけるにはどのような法律構成を用いるべきか。

(b) Xは，BがAに対し十分な説明を尽くさなかったことを理由として損害賠償を請求することができるか。

(2) Xは，Zに対して損害賠償を請求することができるか。

(a) Zにつき，製造物責任（製造物責任法3条）の成立要件が充たされるか。

(ア) αに「欠陥」（製造物責任法2条2項）があると言えるか。

(イ) 仮にαに欠陥があるとした場合，それとAの死亡との間に因果関係が認められるか。

(b) Zはどのような抗弁を提出することができるか。

Materials

1） 必読文献

□潮見『基本講義Ⅱ』170～177頁，225～238頁

□橋本ほか『民法Ⅴ』152頁，179～181頁，316～322頁

□吉村『不法行為法』42頁，80～81頁，302～310頁

2） 参考文献A

□水野謙「『相当程度の可能性』と期待権」水野ほか『判旨から読み解く』431～445頁

□森冨義明「説明義務違反」髙橋譲編著『医療訴訟の実務〔第2版〕』（商事法務，2019年）308～323頁

□橋本佳幸「判批・最判平成25年4月12日（参考判例⑥）」百選Ⅱ 174～175頁

□大島眞一「医療訴訟の現状と将来――最高裁判例の到達点」判タ1401号（2014年）5頁，11～17頁，28～30頁，37～48頁，59～66頁，68～71頁

3）参考文献B

□瀬川信久「欠陥，開発危険の抗弁と製造物責任の特質」ジュリ1051号（1994年）17頁

□丸山絵美子「裁判例における『設計上の欠陥』と『指示・警告上の欠陥』」名古屋大学法政論集237号（2010年）285頁

□平野裕之『製造物責任法の論点と解釈』（慶應義塾大学出版会，2021年），特に214～254頁

4）参考判例

□①最判平成8年1月23日民集50巻1号1頁

□②最判平成14年11月8日判時1809号30頁

□③最判平成11年2月25日民集53巻2号235頁

□④最判平成12年9月22日民集54巻7号2574頁〔百選Ⅱ 78〕

□⑤最判平成13年11月27日民集55巻6号1154頁

□⑥最判平成25年4月12日民集67巻4号899頁〔百選Ⅱ 86〕

Ⅱ－11 不法行為Ⅳ——共同不法行為・競合的不法行為

K市西北区には自然の丘陵が存在し，そこには，AとBが出資して経営している「近畿西カントリークラブ」というゴルフ場がある。このゴルフ場の土地は，AとBが各持分2分の1で共有している。また，そこから300メートル離れた場所には，Cが経営している「近畿第四カントリークラブ」というゴルフ場がある。このゴルフ場の土地は，Cが所有している。

AとBは，2001年頃から，「近畿西カントリークラブ」ゴルフ場の除草剤としてP社製の「α」とQ社製の「β」を農薬・肥料販売業者Sから定期的に購入し，使用している。また，Cは，2005年頃から，「近畿第四カントリークラブ」ゴルフ場の除草剤としてP社製の「α」の除草剤をSから定期的に購入し，使用しているが，2016年度の上半期のみ，Sの勧めによりR社製の「γ」を使用したものの，すぐに，元の「α」に戻している。なお，両ゴルフ場において使用している除草剤の量は，ほぼ同じである。

「α」・「β」・「γ」には，「π」という化学物質が含まれていた。2013年4月1日には，国際的な化学専門雑誌（ジャーナル）に，「π」に発がん性があるとの国際共著論文が発表された。農薬を製造するメーカーが構成する業界団体においては同論文の存在と内容が共有されるに至ったものの，これに反論する内容の論文がその2か月後に同じ雑誌に投稿されるなどしたこともあり，当時は世間の関心を集めることはなかった。

その後，2018年4月頃になって，多くの科学雑誌に論文が発表されたことで，「π」に発がん性があることが広く知られるようになった。なお，国が「π」を含む除草剤の製造販売を禁止する措置を取ったのは，2021年6月1日のことであった。P社・Q社・R社は，この禁止措置が国から発出されそうであるという情報を業界団体経由で2020年12月頃に取得し，禁止措置の発出に先立って，「α」・「β」・「γ」の製造を自主的に中止し，Sも，P社・Q社・R社からの連絡を受け，同時期にこれらの販売を停止した。

さて，上記２つのゴルフ場の下方には，Ｄが所有する甲土地があり，Ｄは，上記ゴルフ場が開設される前から同地で野菜を栽培し，その多くを市場に出荷していた。

2021年７月頃，Ｄが甲土地と自己の栽培する野菜に「π」が含まれているかどうか検査をしてもらったところ，いずれからも高濃度の「π」が検出された。そのため，Ｄは，同年８月以降，野菜の栽培を停止し，また，1000万円をかけて甲土地の土壌を入れ替える工事を行った。

同年８月15日頃，Ｄは，上記２つのゴルフ場が「π」を含む「α」・「β」・「γ」を除草剤として使用していることを知った。なお，Ｄは，「π」を含む農薬を使用したことがない。

Ｄは，2022年４月から野菜の出荷を再開したものの，以前に判明した「π」による汚染の事実が世間に広く伝わったためか，以前の営業収支が各年度800万円規模の黒字であったものが，出荷再開後は，半期300万円の赤字経営となっている。

現在は，2023年10月１日である。

Keypoints

1 いわゆる共同不法行為の要件は，どのように捉えればよいか。

2 共同不法行為と競合的不法行為といわれるものの違いは，どこにあるか。

3 共同不法行為・競合的不法行為において，権利・法益侵害や損害に対する個々の行為者の寄与は，この者の損害賠償責任を考える上で，どのような意味をもつか。

4 共同不法行為・競合的不法行為における求償問題については，どのように考えればよいか。

5 営業損害（営業利益の侵害）についての賠償問題については，損害額の捉え方を含め，どのように考えればよいか。

Questions

(1)　Ｄは，誰に対して，いかなる請求をすることができるか。想定される反論も踏まえて検討せよ。

(2)　Cは，Dから損害賠償訴訟を提起されて敗訴し，敗訴判決が確定したことから，支払を命じられた賠償金をDに対して支払った。その後，Cは，この額をA・B・P・Q・R・Sに対して求償することができるか。想定される反論も踏まえて検討せよ。

Materials

1）　必読文献

□潮見『基本講義Ⅱ』102～103頁，161～169頁，179～193頁

□橋本ほか『民法Ⅴ』278～285頁，287～307頁

□吉村『不法行為法』139～140頁，240～253頁，259～286頁

2）　参考文献A

□窪田充見「工作物責任」千葉恵美子ほか編『Law Practice 民法Ⅱ〔第5版〕』（商事法務，2022年）364～370頁

□中野琢郎「判解・最判令和3年5月17日（参考判例④）」曹時74巻4号（2022年）75頁以下，特に131～164頁，173～189頁

□石田剛「共同不法行為者間における求償権の成立要件」秋山ほか編著『債権法改正』135～146頁

3）　参考文献B

□大塚編『新注釈民法⑯』237～245頁〔米村滋人〕，281～340頁〔大塚直〕

□前田陽一「共同不法行為論の展開と平井理論」瀬川ほか編『民事責任法』473～503頁

□大塚直「建設アスベスト訴訟最高裁判決（令和3年5月17日）における石綿含有建材メーカーの責任」論ジュリ37号（2021年）182頁

4）　参考判例

□①最判昭和41年11月18日民集20巻9号1886頁

□②大阪地判平成7年7月5日判時1538号17頁

□③最判平成25年7月12日判時2200号63頁

□④最判令和3年5月17日民集75巻5号1359頁〔百選Ⅱ 88〕

Ⅱ－12　不法行為Ⅴ——中間責任・危険責任

Pは，A小学校等を運営する学校法人であり，B（11歳）はA小学校に通う小学生である。A小学校にはグラウンドがあり，そこでBは友人らとともに放課後や休日によくサッカーをして遊んでいた。A小学校は在校生に対し，放課後および休日にこのグラウンドに立ち入ることを禁止していたが，見回り等の監督はあまりひんぱんにされておらず，実際にはこの禁止に反する利用がされていることが多かった。Bの親であるQは，Bらがこの禁止に違反してサッカーをしていることを知っていた。しかし，Qは，小学校のグラウンドなど昔は誰でも使えたのだから大した問題ではないと考えていたため，そのことについて特に口出しをせず放置していた。

2023年7月9日（日曜日）の15時頃，Bはいつものようにグラウンドで友人らとサッカーをしていた。相手チームから自陣のペナルティエリア付近まで攻め込まれたとき，Bはボールを強く蹴ってライン外に大きくクリアした。このボールは，グラウンドを囲むフェンス付近でバウンドした後，フェンスに空いていた穴をすっぽり通過して隣接する道路に飛び出していった。ちょうどその時，バイクを走行させていたRがその場所を通りかかった。Rは不注意によりボールに気づくのが遅れ，それを避けようとして転倒した。その衝撃により，後部に同乗していた，Rの配偶者であるXが頭部を強く打った。Xは直ちにC病院に搬送され，S医師の処置を受けたものの，治療が不十分だったために頚椎の可動域制限が後遺症として残った。なお，この症状については，先天的な脊柱管狭窄（脊柱管が通常人に比べて狭いという身体的特徴）の影響も認められる。

本件グラウンドのフェンスには，少なくとも本件事故当日の10時ごろの時点までは異常がなかった。その後明らかになったところによると，その時点から本件事故の時点までのいずれかの時点で，D（76歳）の運転する自動車がフェンスに衝突し，これによってフェンスに穴が空いたようである。本件事故当日は日曜日だったため，A小学校の職員は出勤しておらず，フェンスの異常についても認識していなかった。

Dは認知症を患っており，フェンスに衝突したことを覚えていないという。Dは，認知症を発症してからは，息子T（45歳）の夫婦と同居しており，普段はTの妻U（40歳）の介護を受けて生活している。

現在は，2023年12月1日である。

Keypoints

[1] 監督者責任の要件・効果はどのようなものか。直接の加害者が未成年者である場合と精神障害者である場合とでどのような違いがあるか。

[2] 工作物責任の要件・効果はどのようなものか。それは，民法709条に基づく過失責任と比べてどのような点に特色があるか。

[3] 複数の不法行為が競合して1個の権利侵害が生じた場合，それぞれの加害者の責任はどのような関係に立つか。被害者側に過失相殺等の減額事由がある場合，それはどのように処理されるか。

Questions

(1)　Xは，Pに対して損害賠償を請求することができるか。

　(a)　Pにつき工作物責任（民法717条1項）の成立要件が充たされるか。

　(b)　Pはどのような抗弁を提出することができるか。再抗弁以下と併せて検討しなさい。

(2)　Xは，Qに対して損害賠償を請求することができるか。

　(a)　Qにつき監督者責任（民法714条1項）の成立要件が充たされるか。

　(b)　Qはどのような抗弁を提出することができるか。再抗弁以下と併せて検討しなさい。

(3)　Xは，Rに対して損害賠償を請求することができるか。

　(a)　Rにつき運行供用者責任（自動車損害賠償保障法3条）の成立要件が充たされるか。

　(b)　Rはどのような抗弁を提出することができるか。再抗弁以下と併せて検討しなさい。

(4)　Xは，Sに対して損害賠償を請求することができるか。

　(a)　Sにつき不法行為責任（民法709条）の成立要件が充たされるか。

(b)　Sはどのような抗弁を提出することができるか。再抗弁以下と併せて検討しなさい。

(5)　Xは，TまたはUに対して損害賠償を請求することができるか。

(a)　TまたはUにつき監督者責任（民法714条1項）の成立要件が充たされるか。

(b)　TまたはUはどのような抗弁を提出することができるか。再抗弁以下と併せて検討しなさい。

(6)　仮にP，R，SおよびTがXに対して損害賠償責任を負うとしたとき，これらの者の責任はどのような関係に立つか。

(a)　それらの者の責任はそもそも，またいかなる限度で連帯責任となるか。その根拠となる規定はどれか。

(b)　過失相殺ないし素因減額は，どのようにして行われるか。

Materials

1）　必読文献

□潮見『基本講義Ⅱ』108～116頁，161～169頁，179～193頁，239～250頁

□橋本ほか『民法Ⅴ』254～263頁，278～285頁，307～315頁

□吉村『不法行為法』186～194頁，208～217頁，240～253頁，259～286頁，294～302頁

2）　参考文献A

□水野謙「サッカーボール訴訟――親の監督義務の内容」水野ほか『判旨から読み解く』463～479頁

□前田陽一「認知症高齢者の鉄道事故と配偶者等の近親者の責任――JR東海事件」論ジュリ20号（2017年）79～86頁

□前田陽一ほか「原因の競合と共同不法行為」鎌田ほか編著『民事法Ⅲ』328～337頁

□大塚編『新注釈民法⒃』515～525頁〔樫見由美子〕

3）　参考文献B

□大塚編『新注釈民法⒃』27～64頁〔大澤逸平〕

□前田陽一「交通事故における共同不法行為と過失相殺――絶対的過失相殺と相対的過失相殺，被害者側の過失論との関係を中心に」ジュリ1403号（2010年）30頁

□樫見由美子「被害者への帰責について――過失相殺を中心として」瀬川ほか編『民事責任法』341～374頁

4）　参考判例

□①最判昭和50年6月26日民集29巻6号851頁

□②最判昭和 51 年 3 月 25 日民集 30 巻 2 号 160 頁
□③最判平成 4 年 6 月 25 日民集 46 巻 4 号 400 頁
□④最判平成 8 年 10 月 29 日民集 50 巻 9 号 2474 頁〔百選Ⅱ 97〕
□⑤最判平成 13 年 3 月 13 日民集 55 巻 2 号 328 頁〔百選Ⅱ 87〕
□⑥最判平成 15 年 7 月 11 日民集 57 巻 7 号 815 頁
□⑦最判平成 27 年 4 月 9 日民集 69 巻 3 号 455 頁〔百選Ⅱ 82〕
□⑧最判平成 28 年 3 月 1 日民集 70 巻 3 号 681 頁〔百選Ⅱ 83〕

Ⅱ－13 団体の法律関係

Yは，「スポーツの振興に資する事業を行い，K府におけるスポーツの普及奨励に寄与すること。」を目的とする一般社団法人として2010年10月1日に設立され，代表理事1名のほか10名の理事を有してきた。理事会は設置されていない。Yの定款には，「法人所有の不動産その他重要な財産を処分するときには，社員総会に諮り，総社員の議決権の3分の2が賛成する特別決議を要する。」旨の定めが設立当初から置かれてきた。

Yは，非常に有名なスポーツ選手から社団設立時に寄贈を受けた絵画（甲）を所有していた。甲は，時価にして4000万円の価値があるものであった。

2022年10月10日，Yの代表理事Rが，みずから親交があり，かつ5年前まで約4年間，Yの理事に就任していた経歴のある個人実業家Xのもとを訪れ，社団の資金面の窮状を訴えて，同年9月25日付けのYの臨時社員総会の議事録を示し，甲の売却による運営資金の確保に協力してほしいとの申入れをした。この議事録中には，甲の売却を提案する議案が総社員の議決権の95％の賛成を得て承認されたことと，売却交渉および売却権限につきRに一切を授権することの決議内容が記されている。

Xは，数日間考慮した後，同年10月29日に，甲を買い取る方向で検討するとの返事をRに与えた。その後の交渉により，同年11月11日，RとXとの間で，甲をXが3500万円で買い取る旨の契約を締結し，XからRに3500万円の小切手が交付された。その際，甲の引渡しは，Y側の事情を考慮して同年12月12日に行われるものとされた。

ところが，引渡予定期日になっても，Y側から甲の引渡しがされなかった。XがYの事務局に問い合わせたところ，9月25日の臨時社員総会など存在せず，議事録は巧妙に偽造されたものであることが判明した。Xの振り出した小切手はすでにRにより換金されており，Rは，すべての個人資産を処分して，行方をくらましている。

現在は，2023年4月4日である。なお，Yの経営は，Xが理事に就任していた時期からすでに運営資金の面で非常に厳しい状況が続いていた。
甲の価値は，現在も 4000 万円程度である。

Keypoints

1 法人における代表理事の代表行為が不正常に行われた場合に，それが相手方から法人に対する請求面にどのように反映していくか。代表権の制限・代表権の濫用に関する法理とは，どのようなものか。

2 代表理事の不法行為を理由として法人に対し損害賠償を請求できるか。

Questions

(1) Xは，Yから甲の引渡しを受けたい。
(a) Xは，Yに対して，どのような観点から請求していけばよいか。
(b) Xからの請求を受けたYは，どのように反論をしていけばよいか。
(ア) Yとしては，それぞれの反論の中で，どのような主張をすべきであるか。
(イ) これに対して，Xは，どのように再反論をしていけばよいか。

(2) Xは，Yに対して，3500 万円の支払を求めたい。
(a) Xは，Yに対して，どのような観点から請求していけばよいか。
(b) Xからの請求を受けたYは，どのように反論をしていけばよいか。
(ア) Yとしては，それぞれの反論の中で，どのような主張をすべきであるか。
(イ) これに対して，Xは，どのように再反論をしていけばよいか。

(3) Xは，Yに対して，4000 万円の支払を求めたい。
(a) Xは，Yに対して，どのような観点から請求していけばよいか。
(b) Xからの請求を受けたYは，どのように反論をしていけばよいか。
(ア) Yとしては，それぞれの反論の中で，どのような主張をすべきであるか。
(イ) これに対して，Xは，どのように再反論をしていけばよいか。

Materials

1） 必読文献

□佐久間『総則』355～378 頁

2）　参考文献A

□佐久間毅＝宇野聡＝田村幸一「代理権の不当な行使」鎌田ほか編著『民事法Ⅰ』126～137頁

□中原太郎「判批・最判昭和60年11月29日（参考判例③）」百選Ⅰ 62～63頁

3）　参考文献B

□河内宏「民法43条・53条～55条（法人が権利を有し義務を負う範囲と理事の代表権）」広中＝星野編『百年Ⅱ』1頁

□山田誠一「法人の理事と代理権の制限――定められた手続の履践をしないでした理事の行為の効果の法人への帰属」星野英一先生古稀祝賀『日本民法学の形成と課題上』（有斐閣，1996年）123～152頁

4）　参考判例

□①最判昭和42年11月2日民集21巻9号2278頁〔百選Ⅱ 84〕

□②最判昭和50年7月14日民集29巻6号1012頁

□③最判昭和60年11月29日民集39巻7号1760頁〔百選Ⅰ 30〕

□④最判平成6年1月20日民集48巻1号1頁

□⑤最判平成22年3月30日判時2079号40頁

第Ⅲ部　債権の保全・回収・担保

Ⅲ－1　貸金債権と利息債権

Ａは，貸金業を営んでおり，また，Ｂは，１年前に亡父から受け継いだ養鶏場を経営している。

2023年２月18日，Ｂの養鶏場を強烈な竜巻が襲い，２棟の鶏舎のうち１棟が大破したため，飼育していた鶏の６割が死んでしまった。これにより，Ｂは，800万円相当の被害を受け，資金繰りが苦しくなった。

そこで，Ｂは，これまでも融資を受けてきた銀行Ｃに追加融資を求めた。しかし，Ｂ所有の土地・建物には既に複数の抵当権が設定されて担保割れとなっており，また，Ｃが有する根抵当権の極度額の空き枠も800万円分しかなかった。そのため，ＢはＣから600万円の貸付しか受けることができず，なお150万円以上の運転資金が不足していた。

やむをえず，Ｂは，小学校の同級生だが高利貸しとして評判の悪いＡに頼んで，必要額を借り入れることにした。３月15日，Ｂが，Ａの事務所を訪ねて，「先日の竜巻のせいで養鶏場の資金繰りが厳しい。200万円を貸してもらえないか。」と求めたところ，Ａが「同級生のよしみもあるから公正証書と抵当・保証人だけは勘弁（徴求しない）してやることにするが，利息は普通どおり払ってもらう。それでもいいのか。」と聞いてきたので，Ｂは「それでいい。」と応じた。融資条件の詳細は，後日，取り決めることになったが，帰り際に，Ａが「担保としてその腕時計を預かる。」と言い出したため，Ｂは，亡父の形見の高級腕時計甲を置いて帰った。

[CASE 1]

2023年３月16日，Ｂは，Ａから，「貸付額は200万円とし，返済期限は３年後，利息は年利20％で，元本と利息の一括返済とする。この条件でよければ，３月26日に指定口座に振り込むので口座番号を知らせてもらいたい。」という内容のメールを受け取った。Ｂは，利息が高いことを不満に思いながらも，「その条件で構わないので，Ｃ銀行〇支店のＢ養鶏場名義の普通預金口座に振り込んでもらいたい。」と返信した。

ところが，その翌日，Bは，養鶏組合から「今回の竜巻による被害を受けた農場は，農林漁業セーフティネット資金の取扱金融機関から長期融資を受けることができる。」との案内文書を受け取った。Bが当該金融機関Dに照会したところ，利息が年利0.2％，元本は貸付の3年後から60か月分割返済という，願ってもない好条件で，500万円を借り入れることができると分かった。3月20日，Bが，Dに対し，この制度の利用を申請したところ，その3日後には，申請が承認されたとの連絡が届いた。これにより，Bは，Aから200万円の貸付を受けることが不要になったのだが，その旨をAに連絡することを怠っていた。

3月26日，Bは，C銀行から，A名義で200万円の振込みがあった旨の通知を受け，慌ててAの事務所に向かった。Bは，Aに対し，「セーフティネット資金の申請が通ったので，Aからの借入れが必要でなくなった。利息が生じないうちに全額返還させてもらう。」と説明して，Aに現金200万円を返すとともに，甲の返還を求めた。

Aは，200万円を受け取ったものの，「年利20％，期間3年という条件で貸し出したのだから，その分の利息も払ってもらいたい。利息分の支払があるまで甲は預かっておく。」と主張している。

現在時点は，2023年4月14日とする。

[CASE 2]　※［CASE 1］とは独立の事実関係である。

2023年3月18日，Bは，Aの事務所に呼び出され，Aから，「貸付額は200万円とし，利息は年利15％の天引き，遅延利息は年利29.2％（日歩8銭），返済期限は1年後とする。また，Bに交付する元本額からは，利息30万円の天引きに加えて，謝礼金10万円を差し引く。」という貸付条件を示された。Bは，利息が天引きになる上に謝礼金まで差し引かれることを不満に思いながらも，「その条件でよいので，いますぐ融資を受けたい。」と求めた。そこで，Aは，借用証にBの署名押印を得たうえで，Bに160万円を渡した。

現在時点は2024年3月18日であり，Aは，Bに対し，貸金の返還を求めようとしている。

[CASE 3]

[CASE 2] の事実関係（最後の段落を除く）に続いて，以下の事実があった。

2024年3月18日，Aからの借入れの返済期限が到来したが，Bの養鶏場は，竜巻の被害から立ち直れておらず，経営が苦しい状態にあった。そこで，同日，Bが，Aに対し返済期限の繰延べを頼んだところ，Aから，「来年の3月18日から，毎年3月18日に，元本を30万円（元本の残額が30万円未満になっている場合はその額）ずつ分割返済する。利息は年利20%を年払として，同日に，元本の分割返済額とあわせて1年分の利息を支払う。元本または利息の支払が遅れた場合には，残額全部の弁済期が経過したものとする。」という条件を提示された。Bは，この条件を受け入れ，以前の借用証と引換えに新たな借用証を差し入れた。

2025年3月18日，Bは，Aの事務所に赴き，元本の分割返済額30万円と利息40万円の合計額として70万円を支払った。しかし，2026年3月18日には，Bは，経営悪化のため，Aに対する支払ができなかった。

現在時点は2026年4月14日であり，Aは，Bに対し，元本の残額全部を返還し，利息・遅延損害金も支払うように求めている。

Keypoints

1 貸金元本の返還，利息・遅延損害金の請求について理解する。

2 書面でする消費貸借の成立について理解する。

3 返還期限前に返還した場合の効果について理解する。

4 利息制限法の適用について理解する。

Questions

(1) [CASE 1] に関して

(a) 2023年3月16日のAB間の合意および同年3月26日の200万円の振込みは，それぞれどのような法的意味をもつか。

(b) 現時点で，Bが，Aに対し，甲の返還を請求したとする。

(ア) Aは，甲の返還を拒むためにどのような権利を主張することが考えられるか。

(イ)　Aによるその権利の主張は認められるか。

(2)　[CASE 2] に関して

(a)　Aが200万円の返還を請求するためには，どのような事実が要件となるか。

(b)　Aは，200万円全額の支払を受けることができるか。

(3)　[CASE 3] に関して

(a)　2026年3月18日時点での元本の残額はいくらか。

(b)　Aは，現時点で，Bに対し，元本の残額全部の返還を請求することができるか。

(c)　Aが，Bに対し，(ア)利息および(イ)遅延損害金の支払を請求するためには，どのような事実が要件となるか。また，それぞれ，どれだけの年率での請求が認められるか。

Materials

1）　必読文献

□潮見『プラクティス』35〜50頁

□潮見『基本講義Ⅰ』127〜138頁

□中田『契約法』349〜372頁

□司研『新問題研究』36〜46頁

□司研『紛争類型別』27〜33頁，42〜43頁

2）　参考文献A

□三角比呂「消費貸借」村田渉＝山野目章夫編著『要件事実論30講〔第4版〕』（弘文堂，2018年）211〜220頁

□須藤典明「金銭消費貸借と利息の制限」鎌田ほか編著『民事法Ⅱ』184〜210頁【2017年民法改正未対応】

□筒井＝村松編著『一問一答』292〜294頁，299〜300頁

3）　参考文献B

□司研『要件事実Ⅰ』253〜257頁，270〜274頁，275〜279頁

□吉川愼一「貸借契約関係訴訟の証明責任・要件事実」新堂幸司監修『実務民事訴訟講座〔第3期〕第5巻——証明責任・要件事実論』（日本評論社，2012年）160〜193頁

4）　参考判例

□①大判明治38年12月6日民録11輯1653頁

□②最大判昭和39年11月18日民集18巻9号1868頁

Ⅲ−2 消滅時効

2013年5月11日，S株式会社は，G株式会社から，弁済期を2017年5月11日とする約定で，3000万円を借り入れた（以下，この債権をα債権という。利息・遅延損害金については簡略化のため省略）。借入れの当日，Sの関連会社の代表取締役であったBは，Gとの間で，Bが所有する甲土地に，α債権を被担保債権とする抵当権を設定することを合意し，抵当権設定登記が行われた。Bは，甲土地を引き続き駐車場として使用している。

また，甲土地には，2012年4月1日付で，Hを第1順位の抵当権者とする抵当権設定登記がされていた。この抵当権は，弁済期を2015年11月30日とする，HのBに対する8000万円の貸付金債権（以下，この債権をβ債権という。利息・遅延損害金については簡略化のため省略）を被担保債権とするものである。

[CASE 1]

2017年5月頃，Sは事業不振で危機を迎えており，甲土地の価格は1億円程度に下落していた。同月2日，Gは，Sの代理人を兼ねると称していたBの要請を受け，Bから100万円の「承諾料」を受け取ることで，α債権の弁済期限を2年間延長することに合意した。2019年4月30日および2021年4月30日にも，同様にBからGに各100万円の「承諾料」の支払がされて，α債権の弁済期限を再延長・再々延長する合意がBG間に成立し，弁済期限は，最終的に2023年5月11日とされた。

2023年4月8日になって，Sの代理人と自称して行動したBに，α債権の弁済期限の延長・再延長・再々延長の交渉と合意についての代理権が授与された事実はなく，Bが勝手にS名義の委任状を作成して行ったものであった，という事実が明るみに出た。Bのいささか不可解なこの行動は，Sの創業者一族に密かに恩を売っておいて，近い将来，業績回復が期待されるSに対する支配権を得たい，との思惑にもとづいていたもので，その時点まで，BがSに対して「承諾料」相当額につき，求償権を主張したこともなかった。Sの業績は現在も回復しておらず，めぼしい資産はない。

2023年4月12日，Sは，顧問弁護士からα債権について消滅時効の可能性を指摘されて，Bの各行為の追認を拒絶し，α債権につき消滅時効を主張する旨を書面によりGに通知した。現在の時点は，2023年4月21日である。

[CASE 2]

[CASE 1] において，下線部が次のような事実関係であったとする。

2023年4月12日，Sは，顧問弁護士と相談の上，Gに対して，Bの各行為を追認する旨を書面により通知した。

Sの業績が回復する見込みがないことを知ったGは，甲土地の担保不動産競売によってα債権を回収しようと考えたが，当時，甲土地の価格は7000万円程度に下落していた。Gは，HのBに対するβ債権が時効消滅している可能性に気づき，同月21日，Bに対し，β債権の消滅時効をHに対して援用するよう求めたが，Bはこの要請を断った。

[CASE 3]　※ [CASE 1] および [CASE 2] とは独立の事実関係である。

2013年6月20日，Bは，甲土地を，それに隣接する乙土地とともに，Dに対し，α債権およびβ債権にかかる抵当権の負担付で，代金1000万円で売却した。翌日，BからDへの両土地の引渡しおよび所有権移転登記がされた。以来，Dは，両土地を駐車場として利用している。その後，α債権は，弁済期である2017年5月11日に全額が弁済された。

Hは，Bとは旧知の仲であったことから，β債権の弁済期の到来後もその回収を急ぐことはなかった。ただし，Hは，現在に至るまで，毎年11月末に，Bに対し，書面でβ債権の支払を求めるとともに，「債務承認書」を差し入れさせている。

この間，甲土地の価格は低迷を続けており，Hの抵当権は実行されないまま，時が経過した。現在の時点は，2033年7月13日である。

Keypoints

1 債務者による債務承認は，消滅時効完成の前後でそれぞれどのような意味をもつかを検討する。

2 物上保証人が消滅時効援用権を行使するのは，どのような場合かを理解する。

3 後順位抵当権者は，先順位抵当権の被担保債権の消滅時効について援用権を有するかを検討する。

4 譲渡担保権者は，先順位抵当権の被担保債権の消滅時効について援用権を有するかを検討する。

5 抵当権は，被担保債権と独立に消滅時効にかかるかについて考える。

6 抵当権が，抵当不動産の第三取得者との関係で消滅する場合とその法的根拠について検討する。

Questions

(1) [CASE 1] について

B は，G に対して，甲土地上の抵当権設定登記の抹消を求めることができるか。

(a) B が，G に対して，甲土地上の抵当権設定登記の抹消を求めるためには，どのような要件が備わる必要があるか。

(b) G は，B に対して，どのような反論をすることができるか。

(c) B は，G に対して，どのような再反論をすることが考えられるか。また，その再反論は認められるか。次の各場合について検討しなさい。

(ア) S が，これ以前に G から何らの請求を受けたことがなかった場合

(イ) 2023 年 4 月 3 日，S が，G の求めに応じて「債務承認書」を差し入れていた場合

(ウ) 2021 年 4 月 3 日，S が，G の求めに応じて「債務承認書」を差し入れていた場合

(2) [CASE 2] について

(a) G は，H に対して，甲土地上の抵当権設定登記の抹消を求めることができるか。

(b) 設例と異なり，B が，α 債権を担保するために甲土地を G に譲渡して

おり，譲渡担保を登記原因とする所有権移転登記がされていたとする。この場合，Gは，Hに対して，甲土地上の抵当権設定登記の抹消を求めることができるか。

⑶　[CASE 3] について

Dは，Hに対して，甲土地上の抵当権設定登記の抹消を求めることができるか。

Materials

1）　必読文献

□佐久間『総則』408～442頁

□道垣内『担保物権法』236～237頁

□司研『新問題研究』19～29頁，109～119頁

2）　参考文献A

□司研『紛争類型別』36～40頁，79～85頁

□山野目章夫「判批・最判平成7年3月10日（必読判例②）」リマークス12号（1996年）10頁

□森田宏樹「判批・最判平成11年10月21日（必読判例③）」百選Ⅰ 78頁

□高橋眞『担保物権法〔第2版〕』（成文堂，2010年）242～247頁

3）　参考文献B

□森田宏樹「時効援用権者の画定基準について⑴（2・完）」曹時54巻6号（2002年）1頁，7号（同年）1頁

□山本豊「民法145条（時効の援用の意味および援用権者の範囲）」広中＝星野編『百年Ⅱ』257頁

□山本『民法講義Ⅰ』586～590頁，604～605頁【2017年民法改正未対応】

□松岡『担保物権法』172～180頁

□武川幸嗣『プラスアルファ基本民法』（日本評論社，2019年）136～146頁

4）　必読判例

□①最大判昭和41年4月20日民集20巻4号702頁〔百選Ⅰ 39〕

□②最判平成7年3月10日判時1525号59頁

□③最判平成11年10月21日民集53巻7号1190頁〔百選Ⅰ 38〕

5）　参考判例

□①大判大正8年10月8日民録25輯1859頁

□②大判昭和15年11月26日民集19巻2100頁

□③大判昭和15年8月12日民集19巻1338頁

□④最判昭和43年12月24日民集22巻13号3366頁

Ⅲ－3　保証債務

2020 年 5 月 14 日，A 株式会社は，取引先である X 株式会社との間で，X に対する代金債務 2000 万円を目的とする準消費貸借契約を締結した。本件準消費貸借の返済期限は 1 年後，利息は年 4 %，元利一括返済，遅延損害金は年 8 %と定められた。同日，A の代表取締役 Y_1，専務取締役 Y_2 および，Y_1 の義父でありかつて A の専務取締役であった Y_3 は，本件準消費貸借から生じる債権および今後 XA 間の取引により発生する金銭債権を担保するため，それぞれ，X との間で，「A の X に対する一切の取引上の債務について 6000 万円の限度で保証する。」旨の本件保証契約を書面により締結した。本件保証契約書には，「連帯」の文字は見当たらず，保証期間についての定めも置かれていない。また，同日，Y_1 は，X との間の根抵当権設定契約により，当時の時価で 1 億円相当の自宅の土地・建物（あわせて甲不動産という）に，被担保債権の範囲を「X が売買取引または消費貸借取引により A に対して取得する現在および将来の一切の債権」とする極度額 6000 万円の根抵当権を設定し，その日のうちに，根抵当権設定登記がされた。

Y_3 が本件保証契約を締結するまでの経緯は，以下のとおりである。2020 年 4 月 25 日，Y_3 は，Y_1 から，A が X とする取引につき保証人になるよう依頼された。その際，Y_1 は，Y_3 の求めに応じて，A の収支状況，A が負担している債務の総額およびその履行状況につき，A の財務諸表を提示して説明を行った。ところが，その財務諸表には，A が負担している債務の総額が実際には 5 億円以上であるにもかかわらず 2 億円と記載されていた点をはじめ，A の財務状態を実際より良好に見せかける複数の虚偽記載がされていた。Y_3 は，提示された財務諸表の記載事項が真実であると誤信し，同年 5 月 8 日，公証人役場で，本件保証契約により発生する債務を履行する意思を有する旨を記載した公正証書を作成した。

2020 年 5 月 14 日に締結された準消費貸借によって A に発生した債務は，元利とも合意どおり弁済された。その後も，A は，X との間で何度か，買掛代金債務を目的とする準消費貸借契約を締結している。

さて，2022年4月末，Y_2は，事業拡大に積極的な経営方針をとろうとするY_1と対立してAの専務取締役を退任し，その旨の変更登記も行われた。同年5月2日，Y_2は，Xに対し，Aの取締役を退任したこと，および，Xとの本件保証契約を解消する旨連絡をしたが，Xの担当者Bは本件保証契約の解消には応じられないとして取り合わなかった。

Aは，引き続きXとの間の取引を継続したが，2022年9月頃以降，事業拡大に失敗して急激に業績を悪化させた。この事実を知ったY_3が，Aの財産および収支の状況を調べたところ，本件保証契約の締結に際してY_1から提示された財務諸表に虚偽の記載があったことが判明した。Y_3は，2023年3月23日，Bに連絡をとり，本件保証契約の締結に際して虚偽の財務諸表を示された事実をあげ，「Y_1には裏切られた。これ以上保証人を続けることはできない。」と述べた。

2023年3月23日時点でのAのXに対する債務は，以下のとおりであった。

1）2022年4月3日売買の代金1000万円および同年7月20日売買の代金2000万円の総額3000万円を目的として同年8月1日に締結された準消費貸借を原因とする金銭債務。ただし，弁済期は1年後，利息年5％，元利一括返済，遅延損害金年10％。

2）2022年11月20日売買の代金債務1500万円のうち，2023年3月末を履行期とする未払代金債務1000万円。遅延損害金に関する定めはない。

2023年4月5日，Xは，Y_1に懇願されてAに商品を売却し，同月15日，その代金1000万円につき，準消費貸借契約を締結した。これにより，Aは，Xに対し，次の債務を負担した。

3）2023年4月15日の準消費貸借を原因とする金銭債務1000万円。ただし，弁済期は半年後，利息年7％，元利一括返済，遅延損害金年14％。

AのXに対する1）から3）までの債務は，その弁済期の到来後も，現在まで，まったく返済されていない。現在は，2023年10月30日である。

Keypoints

1 保証債務と連帯保証債務の違いを理解する。

2 保証人の過酷な責任を免除・軽減する方法にはどのようなものがあるかを理解する。

3 保証人が保証の委託に際して知らされた虚偽の事実に基づいて保証契約を締結した場合の法律関係を理解する。

4 根保証および根抵当権の構造を，随伴性の観点から対比して理解する。

Questions

(1)　Xは，Y_1に対して，5000万円と利息・損害金の支払を求めることができるか。

(a)　XがY_1に対して保証債務の履行を求めるためには，どのような要件が備わる必要があるか。

(b)　Y_1は，その支払の一部または全部を拒絶するために，どのような主張をすることが考えられるか。また，その主張は認められるか。

(2)　Xは，Y_2に対して，5000万円と利息・損害金の支払を求めることができるか。

Y_2は，その支払の一部または全部を拒絶するために，どのような主張をすることが考えられるか。また，その主張は認められるか。

(3)　Xは，Y_3に対して，5000万円と利息・損害金の支払を求めることができるか。

Y_3は，その支払の一部または全部を拒絶するために，どのような主張をすることが考えられるか。また，その主張は認められるか。錯誤取消しについても検討しなさい。

(4)　仮に，Xが，2023年4月10日，上記1）の債権を取引先のC株式会社に対し代金2000万円で売却し，その旨の通知をAの担当者に行っていたとする。

(a)　Cは，Y_1に対し保証債務の履行を請求することができるか。

(b)　Cは，根抵当権の実行として甲不動産の担保不動産競売を申し立てることができるか。

Materials

1）　必読文献

□潮見『プラクティス』605～696頁

□中田『債権総論』557～621頁

□道垣内『担保物権法』238～261頁

2）　参考文献A

□司研『紛争類型別』43～46頁，48～50頁

□司研『手引／事実摘示』9～10頁

3）　参考文献B

□鹿野菜穂子「保証人の錯誤」小林一俊博士古稀記念論集『財産法諸問題の考察』（酒井書店，2004年）135頁

□大中有信「判批・最判平成28年1月12日（参考判例③）」金法2047号（2016年）81頁

□西内康人「判批・最判平成28年12月19日（必読判例②）」金法2081号（2018年）46頁

4）　必読判例

□①最判昭和32年12月19日民集11巻13号2299頁

□②最判平成28年12月19日判時2327号21頁

□③最判平成24年12月14日民集66巻12号3559頁〔百選Ⅱ 20〕

5）　参考判例

□①大判昭和16年5月23日民集20巻637頁

□②最判昭和39年12月18日民集18巻10号2179頁〔百選Ⅱ 19〕

□③最判平成28年1月12日民集70巻1号1頁〔百選Ⅰ 22〕

□④最判平成14年7月11日判時1805号56頁

Ⅲ－4　多数債務者間の求償

※以下の設例における保証人・保証契約は，「Ⅲ－3保証債務」の設例を単純化したものである。保証契約の成立・効力について争いはない。

2020年5月14日，A株式会社は，取引先であるX株式会社との間で，Xに対する代金債務2000万円を目的とする準消費貸借契約を締結した。本件準消費貸借の返済期限は1年後，利息は年4％，元利一括返済と定められた。

同日，Aの代表取締役Y_1，専務取締役Y_2およびかつてAの専務取締役であったY_3は，本件準消費貸借から生じる債権および今後XA間の取引により発生する金銭債権を担保するため，それぞれ，Xとの間で，「AのXに対する一切の取引上の債務について6000万円の限度で連帯保証する。」旨の本件保証契約を書面により締結した。Y_1・Y_2・Y_3は，互いに，各自が本件保証契約を締結することを知っていた。

これに先立ち，Y_3は，Y_1から，AがXとする取引につき保証人になるよう依頼を受けてこれを承諾し，2020年5月8日，公証人役場において，本件保証契約により発生する債務を履行する意思を有する旨を記載した公正証書を作成していた。

その後，Aは，本件準消費貸借による債務を，元利とも合意どおり弁済した。これ以後も，Aは，Xとの間で何度か，買掛代金債務を目的とする準消費貸借契約を締結している。

2022年11月12日，Aは，Xから代金1000万円で商品を買い受け，同月22日に代金全額の支払と引換えにその引渡しを受けた。ところが，数日後，引き渡された商品の性能が契約の内容に適合していないことが判明した。Aは，同年12月1日，Xに対し，契約内容に適合する性能の物を引き渡すよう求めた。Xは，契約内容に適合する物を至急用意するが，品薄であることから，納品は3か月後になると返答した。Aは，それでは事業に多大な影響が及ぶとして，催告の上，同年12月20日に売買契約の解除を通知した。Aは，同日，Xに対し，商品の引取りとすでに支払った代金1000万円の返還を求めたが，Xは，Aの解除には理由がないとして，現在まで代金1000万円の返還に応じていない。

2022年12月頃以降，Aは，事業拡大に失敗して急激に業績を悪化させ，2023年10月18日時点では，Aは，Xに対し，同年4月1日に締結された準消費貸借契約を原因とする5000万円の金銭債務（弁済期は6か月後，利息年5％，元利一括返済）を負っていた。

2023年10月18日，Xから保証債務の履行を求められたY_1は，一部弁済として3000万円を支払った。Y_1は，AおよびY_2・Y_3に対し，この一部弁済を行うとの事前の通知も，一部弁済を行ったとの事後の通知も行っていない。

現在は，2023年10月30日である。

Keypoints

1 複数の保証人がいる場合の求償関係について理解する。

2 保証人による弁済につき，事前・事後の通知が必要となる理由や通知を懈怠した効果がどのようなものかを，一部弁済や相殺の抗弁との関係で理解する。

Questions

(1) Xが，Y_3に対して，本件保証債務の履行として5000万円（利息・損害金については省略する）の支払を求めた場合，Y_3は，その支払の一部または全部を拒絶することができるか。なお，2022年12月20日にAがした契約解除の意思表示は解除の要件をみたしていたものとする。

(2) Xが，Y_3に対して，本件保証債務の履行として5000万円（利息・損害金については省略する）の支払を求めたところ，Y_3は，AがXに対し代金1000万円の返還を求めている事実およびY_1により本件保証債務が一部弁済された事実を知らなかったため，Xの請求に応じて5000万円を支払った。その際，Y_3は，AおよびY_1・Y_2に対し，この弁済を行うとの事前の通知も，事後の通知も行わなかった。

(a)　Y_3は，Aに対して，いくらの求償権を行使することができるか。

(b)　Y_3は，Y_1に対して，いくらの求償権を行使することができるか。

Materials

1）　必読文献

□潮見『プラクティス』582～590頁

□中田『債権総論』538～547頁

2）　参考文献B

□縣俊介「保証契約」伊藤滋夫総括編集『民事要件事実講座3』（青林書院，2005年）178～183頁【2017年民法改正未対応】

3）　必読判例

□①最判昭和57年12月17日民集36巻12号2399頁〔百選Ⅱ16〕

Ⅲ－5 債権者代位権

2022年8月20日，Sは，無断欠勤を重ねたために，勤務先の不動産会社を解雇された。Sは，再就職先を探すうちに預貯金が生活費に消えてしまったこともあり，故郷に戻って，日銭を得ることができる移動販売業を始めようと考えた。

2022年11月7日，Sは，事業資金の一部とするため，かつての同僚Yに頼み込んで，2017年10月に月賦で購入して代金を完済した自動車甲を，Yに110万円で買い取ってもらい，同日，内金40万円の支払と甲の引渡しがされた。その際，残代金70万円については，2023年5月7日に甲の移転登録（道路運送車両法13条）と引換えに支払うものとされた。

故郷に戻ったSは，2022年12月8日に，幼なじみのX_1から，返済期限を2023年6月8日として，100万円を無利息で借り受けることができた。これによるX_1の貸金債権をα債権とする。

2023年1月，Sは，上記の40万円と100万円を元手に，パン販売チェーン本部X_2と提携してパンの移動販売業を始めたが，見込みに反してまったく売上げが伸びず，手持ち資金がすぐに底をついてしまった。さらに，同年5月4日には，Sは，X_2から借り受けていた移動販売車を電柱にぶつけて大破させてしまい，X_2に対して60万円の損害賠償債務を負った。X_2のこの損害賠償債権をβ債権とする（β債権は現在まで支払われていない）。

2023年5月18日，Sの販売不振を知ったX_1が，α債権の返済を受けることができるか不安になり，Sに対して返済の見込みを問い詰めたところ，めぼしい資産は何もないことが分かったが，Sからあれこれ聞き取った結果，Yに対する残代金債権70万円（これをγ債権とする）が未回収であることのほか，次の事実を知ることができた。また，翌日には，X_2も，Sから同様の内容を聞き取った。

Sの説明によれば，2018年5月15日，Sは，美術商Zに対して，亡父から贈与された掛け軸乙を代金20万円で売り，同日，20万円と引換えに乙を引き渡した。乙の代金額は，Zの評価に基づいて20万円と定められたのだが，同月25日に，Sは，乙の時価が実は110万円相当であることを知った。ところが，Sは，既に，Zから受け取った代金20万円を甲の月賦代金その他の支払にあてていたことから，Zに対して何の主張もせずにいた。

現在時点は2023年5月19日であり，X_1・X_2は，それぞれ，α債権・β債権の回収を図りたいと考えている。

Keypoints

1 債権者代位権の機能を理解する。

2 債権者代位権の要件および効果について理解する。

Questions

※(1)(2)は，独立の問いである。

(1)　X_1が，α債権を回収するため，Zを被告として訴訟を提起した場合を考える。

(a)　X_1は，Zに対して，どのような請求をすることができるか。また，その請求のためには，どのような事実が要件となるか。

(b)　Zは，X_1の請求に対してどのような反論をすることが考えられるか。また，その反論は認められるか。

(2)　X_2が，β債権を回収するため，裁判外で，Yに対してγ債権の支払を求めた場合を考える。

(a)　このような回収方法は，γ債権に対して強制執行をかける方法と比べてどのようなメリットがあるか。

(b)　X_2は，Yに対して，いくらの支払を請求することができるか。また，X_2は，その金額を自己に支払うよう請求することができるか。

(c)　X_2からの請求を疑問に思ったYがSに事情を問い合わせたため，Sが，X_2による取立ての事実を知るに至り，γ債権を自己に支払うようYに請求したとする。この場合に，Yはどちらに支払えばよいか。

Materials

1）　必読文献

□潮見『プラクティス』175～217 頁

□中田『債権総論』243～279 頁

2）　参考文献 A

□司研『紛争類型別』155～163 頁

Ⅲ－6 詐害行為取消権

食品製造業を営むA社（代表取締役B）は，新製品の製造販売開始にあたり，2021年3月23日，銀行Cから，返済期限3年後，年利4％，元利一括返済（遅延損害金は簡略化のため省略。以下同じ）の約定により2500万円の融資を受けた。同日，Aは，この融資によって生じるCのAに対する債権を被担保債権として，Aの工場およびその敷地（以下，あわせて甲不動産という）上に第1順位の抵当権（共同抵当）を設定し，その旨の登記をした。甲不動産の時価は3000万円である。

また，Aは，新製品の原料αを安定的に得るため，2021年4月10日，αの輸入業者Y_1との間で，αの継続的売買契約を締結した（以下，本件売買契約という）。本件売買契約には，次のような条項が定められている。

①Y_1は，Aに対し，毎月，合計5トンのαを代金350万円で供給する。ただし，Y_1は，月内に数回に分けてαをAに納入することができる。

②代金の支払は，納入月の翌々月末とする。

同日，Aは，駐車場として所有する乙土地上に，Y_1のために，本件売買契約によって生じる金銭債権を被担保債権とする極度額1500万円の根抵当権を設定し，第1順位の根抵当権設定登記をした。乙土地の時価は2100万円である。

Aの業績は，2022年6月頃までは順調に推移していたが，同年7月以降，国内の景気低迷などにより，急激に下降した。Aは，事業資金を得るため，同年9月15日，金融業者Xから，弁済期半年後，利息年5％，元利一括返済の約定により，1000万円の融資を受けた。Xは，この融資によって生じる債権を被担保債権として，Aから，甲不動産上に第2順位の抵当権の設定を受けてその旨の登記をするとともに，Bとの間で，Bが当該債権を保証する旨の保証契約を書面により締結した。

一方，Y_1は，2022年8月，緊急の資金が必要となったため，同年8月から11月に納入されるαの代金債権（総額1400万円分）を，金融業者D

に代金1200万円で売却し，内容証明郵便によりAにその旨を通知した。

Aの業績はその後も上向くことはなく，2022年8月までに納入されたαの代金は支払われたものの，同年9月以降に納入されたαの代金は一切支払われていない。2023年3月末，Y_1は，Aに対し，未払代金の支払を催告したが，Aは，もう少し待ってほしいというばかりであった。Y_1は，同年4月1日以降，Aへのαの納入を見合わせている。

2023年3月，無資力状態となっていたAは，Bの旧知の友人である機械製造販売業者Z_1に窮状を縷々説明して援助を求めた。Z_1は，できるだけのことをすると応じ，同月13日，Aが前年3月に購入した製造機械βを，中古市場での同機種の価格より3割安い，360万円で買い取った。Aは，βの代金を従業員の未払賃金など事業資金にあてた。2023年3月20日，Z_1は，βを，Z_2に390万円で転売し，引き渡した。Z_2は，Z_1を通じてAの窮状を知り，この機に乗じてβを安価で入手しようと考え，Z_1に対し，βを安値で入手してくれるよう依頼したのであった。

また，Aは，Y_1からの度重なる催促を受け，2023年4月20日，Y_1との間で，本件売買契約を同月末をもって解消すること，および，同年3月末までに納入されたαの未払代金（総額1400万円）の代物弁済として，乙土地の所有権をY_1に移転することに合意した。翌日，乙土地につきAからY_1への所有権移転登記が行われた。Y_1は，乙土地上の根抵当権設定登記を抹消した上，同年4月末，乙土地を不動産業者Y_2に1900万円で売却した。翌月2日，乙土地につきY_1からY_2に対する所有権移転登記がされた。Y_2は，乙土地の買受け時に，乙土地をAがY_1に代物弁済した事実，および，Aが資金繰りに窮していた事実を知っていたが，Aにつき他にも何らかの情報を有していた可能性がある。

さて，Xは，2023年3月末，AおよびBに対して支払を催告したところ，Aから1か月待ってほしいとの回答があった。しかし，その後もまったく支払がなかったことから，Xは，同年5月，弁護士と相談して，Aに対する債権を回収するために，どのような法的手段をとることが可能かについて検討を開始した。その過程で，Aには，甲不動産や既に処分された乙土地およびβ以外にめぼしい財産がなく，Bも無資力であることが判明した。

現在時点は2023年5月20日である。なお，甲不動産および乙土地の時価に変動はなく，競売価額は時価と同額になるものとする。

Keypoints

1 根抵当権の性質を理解する。

2 代物弁済がどのような場合に詐害行為に該当するか，および該当する場合の取消しの範囲を理解する。

3 動産の売却がどのような場合に詐害行為に該当するかを理解する。

4 譲渡担保の設定がどのような場合に詐害行為に該当するかを理解する。

5 抵当権者に対する抵当不動産の代物弁済が詐害行為にあたる場合の取消しの範囲および効果について検討する。

6 詐害行為取消権を行使した債権者と，債務者の他の債権者との間の法律関係について検討する。

7 財産の売却が取り消された場合の，債務者と受益者・転得者との間の法律関係について検討する。

Questions

(1)　Xは，Y_1に対して，(a)どのような権利を，(b)どのような要件により，行使することができるか。

(2)　Xは，Y_2に対して，(a)どのような権利を，(b)どのような要件により，行使することができるか。

(3)　Xは，Z_2に対してβの引渡しを求めることができるか。

(a)　Xがβの引渡しを求めるためには，どのような要件が備わる必要があるか。

(b)　βの引渡請求が認められる場合，Xは，どのようにして，βから自己の債権の満足を得ることができるか。

(c)　βの引渡請求が認められる場合，Z_2は，Z_1に支払ったβの代金の償還を受けることができるか。

⑷　Xは，Z_1に対して，βの価額の償還を求めることができるか。

ⓐ　Xがβの価額の償還を求めるためには，どのような要件が備わる必要があるか。

ⓑ　βの価額の償還請求が認められる場合，Z_1がAに支払った代金額相当分はどのように取り扱われるか。

⑸　設例と異なり，Z_1が，βをAから買い受けていたのではなく，2023年3月13日に，300万円を弁済期半年後と定めてAに貸し付け，その担保としてβの譲渡を受けていたものとする。Z_1が半年後，譲渡担保の実行としてZ_2にβを390万円で売却した場合，Xは，Z_1に対し，βの価額の償還を求めることができるか。

Materials

1）　必読文献

□潮見『プラクティス』217～274頁

□中田『債権総論』280～331頁

2）　参考文献A

□司研『紛争類型別』167～191頁

□沖野眞已「詐害行為取消権⑴――要件」潮見ほか編『詳解改正民法』200～213頁

□小粥太郎「詐害行為取消権⑵――行使・効果」潮見ほか編『詳解改正民法』214～221頁

3）　参考判例

□①最判平成8年2月8日判時1563号112頁

□②最大判昭和36年7月19日民集15巻7号1875頁〔百選Ⅱ 12〕

□③最判昭和54年1月25日民集33巻1号12頁

□④最判昭和39年6月26日民集18巻5号887頁

□⑤最判平成30年12月14日民集72巻6号1101頁〔百選Ⅱ 11〕

Ⅲ－7 弁済者代位と共同抵当

2019 年 12 月 15 日，会社Ｓは，金融業者Ｇから，返済期限を３年後として 5000 万円の融資を受けた。GS 間の金銭消費貸借契約では，利息を年８％の元利一括払，遅延損害金を年 14.6％と定めていた。この契約によるＳのＧに対する債務をα債務（＝α債権）とする。

同日，Ｇは，Ｓ所有の甲土地・乙土地，および，Ｓの代表取締役Ａが所有する丙土地に，α債権を被担保債権とする順位１番の共同抵当権の設定を受け，抵当権設定登記も備えた。甲・乙・丙土地の時価は，それぞれ，4000 万円程度，2000 万円程度，3000 万円程度であった。

※以下の［CASE 1］［CASE 2］［CASE 3］は，それぞれ独立の事実関係である。

［CASE 1］

2019 年 12 月 15 日，Ｓの取引先である会社Ｂは，Ｓから委託を受けて，Ｇとの間で，α債務を主債務とする連帯保証契約を書面により締結した。なお，SB 間の保証委託契約では，Ｓは，Ｂによる弁済の日の翌日から年 20％の遅延損害金を支払うものと定めていた。

その後，2020 年６月 15 日に，Ｓは，取引先Ｈから 1000 万円を借り入れ，この債務を被担保債務として，甲土地および乙土地に順位２番の共同抵当権を設定し，同日，その旨の登記がされた。

2022 年 12 月 15 日，α債務の返済期日が到来したが，Ｓは，経営不振のため，債務額 6200 万円（元本 5000 万円と利息 1200 万円の合計）を支払うことができなかった。2023 年５月 15 日になって，Ｓは，Ｇに対し，α債務（元本 5000 万円，利息 1200 万円，遅延損害金 300 万円の合計 6500 万円。端数省略）の一部弁済として，4500 万円を支払った。

同日，Ｇが，Ｂに対してα債務の残額 2000 万円を請求し，Ｂはこれを支払った。Ｂは，この 2000 万円の求償を考えている。

[CASE 2]

2019年12月15日，Sの取引先である会社Bは，Sから委託を受けて，Gとの間で，α債務を主債務とする連帯保証契約を書面により締結した。翌日，Aと，Sの専務取締役Cも，それぞれ，Gとの間で，α債務を主債務とする連帯保証契約を書面により締結した。

2022年12月15日，α債務の返済期日が到来したが，Sは，経営不振のため，債務額6200万円を支払うことができなかった。

当時，甲・乙・丙の各土地は，2019年12月時点と比べて時価が25%程度下落しており，また，担保不動産競売手続において買受人が登場する見込みも乏しかった。他方，各土地には，Gを抵当権者とする共同抵当権（順位1番）が設定されているのみで，後順位抵当権の登記はなかった。

そこで，2023年の春先，Gは，Sに甲土地および乙土地を任意売却させて，その代金からα債権の一部弁済を受けることを計画し，Sの同意を取り付けた上で，売却先として会社Dを見付けてきた。同年5月15日に，G・S・Dの代表者3名が会合し，Gが両土地に有する抵当権を放棄して抵当権設定登記も抹消するとともに，Sが，Dに対し，両土地を（抵当権の負担がない土地としての）時価相当額である代金4500万円で売却し，Dはこの代金全額をGに支払った。

同日，Gは，α債権の残額2000万円（端数省略）につき，Bに対して保証債務の履行を求めた。

[CASE 3]

2020年6月15日，Sは，取引先Hから1000万円を借り入れ，その債務を被担保債務として甲土地に順位2番の抵当権を設定するとともに，同月18日，別の取引先Iから300万円を借り入れ，その債務を被担保債務として乙土地にも順位2番の抵当権を設定した。さらに，同年12月15日には，Aも，銀行Jから2000万円を借り入れ，この債務を被担保債務として丙土地に順位2番の抵当権を設定した。なお，H・I・Jの抵当権については，いずれも，設定後直ちに抵当権設定登記がされた。

2021年9月10日，丙土地がAからEに売却され，直ちに所有権移転登記がされた。

2022年12月15日，α債務の返済期日が到来したが，Sは，経営不振のため，債務額6200万円のうち，2800万円しか支払うことができなかった。

2023年5月，やむなく，Gは，甲・乙・丙土地の抵当権を実行してα債権の残額3600万円（元本3400万円，遅延損害金200万円の合計。端数省略）を回収することとした。

Keypoints

1 弁済による代位に関して，その法的構造および具体的規律を理解する。

2 504条による免責の要件・効果について理解する。

3 担保提供者相互間での代位の法律関係について理解する。

4 共同抵当における配当について，同時配当・異時配当，抵当不動産の所有関係に応じた具体的規律を理解する。

Questions

(1)［CASE 1］に関して

(a) Bは，甲土地の担保不動産競売を申し立てることによって求償権の実現を図ることとした。Bは，どのような権利に基づいて担保不動産競売を申し立てることができるか。

(b) Bは，甲土地の売却代金（3200万円とする）から，いくらの配当を受けることができるか。

(2)［CASE 2］に関して

(a) Bは，Gが甲土地および乙土地の抵当権を放棄したことを理由に，2000万円（その全部または一部）の支払を拒むことができるか。

(b) (a)で，Bが2000万円の支払を拒むことができないものとする。Gに対する保証債務を履行したBは，(ア)Aに対して，いくらの支払を請求することができるか。また，(イ)丙土地の担保不動産競売を申し立て，その売却代金（1800万円とする）からいくらの配当を受けることができるか。

(3)［CASE 3］に関して

※以下につき，甲・乙・丙土地の競売による売却価格は，それぞれ，3200万円，1600万円，2400万円であったとする。また，α債権の現時点の債権額

は3600万円とし，その他の債務の利息・遅延損害金については無視してよい。

(a)　Gが，甲・乙・丙土地のすべてについて担保不動産競売を申し立て，甲・乙・丙土地の売却代金が同時に配当されたものと仮定する。この場合に，各土地の売却代金は誰に・いくら配当されることになるか。

(b)　(ア)Gが丙土地の担保不動産競売を申し立ててその売却代金から配当を受け，次いで，(イ)Gが甲土地の担保不動産競売を申し立ててその売却代金から配当を受け，その後さらに，(ウ)乙土地の担保不動産競売がされたとする。この場合に，(ア)(イ)(ウ)の各手続において，各土地の売却代金は誰に・いくら配当されることになるか。

Materials

1）　必読文献

□潮見『プラクティス』359～408頁

□中田『債権総論』410～439頁

□道垣内『担保物権法』205～214頁

□松岡『担保物権法』180～195頁

2）　参考文献A

□松岡久和「弁済による代位」内田貴＝大村敦志編『民法の争点』（有斐閣，2007年）184頁【2017年民法改正未対応】

□鎌田薫「共同抵当」同『民法ノート物権法①〔第2版〕』（日本評論社，2001年）257～265頁【2017年民法改正未対応】

□田高寛貴＝大段亨「共同抵当と代位」鎌田ほか編著『民事法Ⅱ』110～128頁【2017年民法改正未対応】

□筒井＝村松編著『一問一答』198～199頁

3）　参考文献B

□我妻榮『新訂債権総論』（岩波書店，1964年）263～268頁【2017年民法改正未対応】

□磯村哲編『注釈民法⑿』（有斐閣，1970年）357～368頁〔石田喜久夫〕【2017年民法改正未対応】

4）　必読判例

□①最判昭和59年5月29日民集38巻7号885頁〔百選Ⅱ 29〕

□②最判昭和61年11月27日民集40巻7号1205頁

5）　参考判例

□①最判昭和44年7月3日民集23巻8号1297頁

□②最判昭和53年7月4日民集32巻5号785頁

□③最判昭和61年2月20日民集40巻1号43頁

Ⅲ－8　抵当権の効力が及ぶ範囲

甲建物の１フロア乙を所有する歯科医Ａは，そこで歯科医院を経営していた。甲建物はクリニックに特化した仕様で建設されており，各フロアは医療施設として使用されている。Ａの評判は高かったが，事情により，この歯科医院を閉院することになった。歯科医院の開業準備をしていた歯科医Ｓは，甲建物の立地がよく，電気容量など医療施設に適した仕様が魅力的であること，乙に設置されたＡ所有の歯科医療設備も比較的新しいことから，2018年８月３日，Ａとの間で，乙をその医療設備とともに買い受ける契約を締結した。

これに先立ち，Ｓは，2018年７月30日，上記売買の資金を得るため，Ｇ銀行との間で2000万円の融資契約を結んだ。本件融資契約書には，①返済は，10回に分割して元利均等返済の方法で行うこと，②初回の返済期日は2019年７月30日とし，以後，毎年７月30日に元利金を支払うこと，③利息は年４％，遅延損害金は年８％とすること，④元利金の支払が遅延したときは残額全部につき支払期限が到来することが，定められていた。また，Ｓは，本件融資契約による債務を担保するため，同日，Ｇとの間で乙を目的とする抵当権設定契約を締結した。2018年８月４日，本件融資が実行され，乙につき，代金の支払と引換えに，ＡからＳへの所有権移転登記およびＧのための第１順位の抵当権設定登記が行われた。

Ｓは，2018年12月１日に乙で歯科医院を開業し，その経営は順調に推移した。

2022年５月，資金に余裕を得たＳは，歯科医院の設備を全面的に更新することにした。同年６月23日，Ｓは，Ｃ社から，歯科治療ユニット３台（１台450万円），レントゲン装置１台（350万円）などの医療設備機器を，合計1900万円で買い受けた。本件売買契約には，①Ｓは，代金の半額を契約時に支払い，残額は，同年７月から毎月末に20万円ずつ支払うこと，②支払期限から１か月が経過しても支払のないときは，残代金全額につき期限が到来すること，③Ｃは，目的物を同月末までにＳに引き渡すことが，定められていたが，所有権の移転時期についての定めは存在しなかった。同日，Sは，950万円をCに支払った。また，Cは，同月末までに，本件売買契約の目的物である医療設備機器（まとめてαという）を乙に設置した。

Sは，2022年7月30日には，Gへの元利金の支払を前年までと同様に行った。しかし，その後，近隣に複数の歯科医院が開業したことなどから，Sの経営状態は，徐々に悪化した。2023年2月末の支払を最後に，以後Cへの残代金の支払はされていない。さらに，同年5月15日，隣の建物で火災が発生し，その消火活動によって乙の天井および内壁が損傷したほか，乙内の医療機器にも損傷が生じた。幸い，Sは，乙およびその中の医療機器を目的とする火災保険に加入していたため，保険会社Dに対し，700万円（乙につき400万円，医療機器につき300万円）の保険金請求権を取得した。Cは，Sからの債権回収に不安を抱いていたが，この情報を得て，同月30日，動産売買先取特権に基づく物上代位権を行使して，SのDに対する保険金請求権（医療機器に係る300万円）を差し押さえた。

その後，医院の継続を断念したSは，廃業後の生活資金を得るため，同年6月2日，被害を受けなかった歯科治療ユニット1台（βという）を，中古医療機器販売業者Eに400万円で売却した。Eは，同月12日，βを運び出して，自社の倉庫に保管した。

2023年5月末，乙が火災による損傷を受けた事実を知ったGは，Sの信用状況の調査を開始した。その結果，Cが，SのDに対する保険金請求権を差し押さえたこと，および，SのEに対するβの売却が判明した。現在の時点は2023年6月20日である。

Keypoints

1 抵当権の設定後に抵当不動産に設置された動産に対する抵当権の効力を考える。

2 抵当権に基づく妨害排除請求権としての返還請求の成否および解決基準を検討する。

3 抵当権に基づく物上代位の手続および要件について理解する。

Questions

⑴　Gは，Eに対して，βの返還を求めることができるか。

　(a)　Gは，Eに対し，どのような要件により，どのような権利を行使することができるか。

　(b)　Eは，どのような反論をすることが考えられるか。また，その反論は認められるか。

⑵　Gは，SのDに対する保険金請求権から，Sに対する貸金債権の優先弁済を受けることができるか。

　(a)　Gは，Sの保険金請求権に対し，どのような権利を行使することができるか。

　(b)　2023年5月30日にCが保険金請求権を差し押さえた事実は，GがSに対する貸金債権の優先弁済を受けることの妨げとなるか。

Materials

1）　必読文献

□道垣内『担保物権法』139～160頁，184～185頁，266～268頁

2）　参考文献A

□松岡『担保物権法』43～64頁，100～102頁

3）　参考文献B

□我妻榮『新訂担保物権法』（岩波書店，1968年）268～269頁，271～273頁

□石田剛「抵当不動産から分離搬出された動産への抵当権の追及効」水野ほか『判旨から読み解く』163頁

4）　必読判例

□①最判昭和44年3月28日民集23巻3号699頁〔百選Ⅰ 81〕

5）　参考判例

□①最判昭和57年3月12日民集36巻3号349頁〔百選Ⅰ 87〕

□②最判平成17年3月10日民集59巻2号356頁〔百選Ⅰ 86〕

□③大決大正4年10月23日民録21輯1755頁

□④最判平成2年4月19日判時1354号80頁

□⑤最判平成6年7月14日民集48巻5号1126頁

Ⅲ-9 物上代位と相殺

2007年2月，不動産開発業を営むA会社は，新たに取得した甲土地にオフィスビル乙を建築する計画を立て，テナントを募集した。Aは，手持ち資金に，入居予定テナントからの建設協力金と銀行からの借入金を加えて建設資金とし，入居予定テナントの希望する仕様に沿った乙を建てることとしていた。

Yは，Aのテナント募集に応募し，同年3月7日，Aとの間で，乙の1フロアの賃貸借についての賃貸借の予約（以下「本件予約契約」という）を締結するとともに，建設協力金5000万円をAに預託した。この建設協力金については，利息を付けず，2017年4月から毎年4月1日に500万円ずつ分割返還することが約定された。

2007年4月4日，Aは，X銀行から5億円を借り入れる（毎月の分割返済とされたが，期限の利益喪失特約が付されていた。貸付利率・弁済期等の詳細については省略する）とともに，甲土地に，Xを根抵当権者として，極度額15億円，債務者A，被担保債権の範囲を銀行取引による債権とする根抵当権を設定し，同日，その登記もされた。同月5日，B建設会社が乙の建築工事を請け負い，工事代金の3分の1の支払を受けて，工事を開始した。乙は2008年3月25日に竣工し，同日，所有権保存登記がされた。

さらに，Aは，同日，乙に，Xを根抵当権者として，極度額15億円，債務者A，被担保債権の範囲を銀行取引による債権とする根抵当権を設定して，Xから5億円の追加融資を受けた。Aは，融資額の一部で，Bに工事代金の残額を支払った。なお，この根抵当権設定については登記がされ，また，甲土地上の根抵当権と乙上の根抵当権が共同抵当であることの登記もされた。

2008年4月1日，Aは，本件予約契約に基づき，Yとの間で，乙の2階フロア全部を対象とする本件賃貸借契約を締結し，2階フロアを引き渡した。同日，Yは，Aに対し，保証金として8000万円を支払った。なお，本件賃貸借契約には次のような条項が含まれていた。

⑴賃貸借の期間は，2028年3月31日までとする。

⑵賃料は月額600万円，前月末払（口座振込み）とする。

⑶契約締結時に，Yは，Aに対し，8000万円の保証金を預託する。

⑷賃貸借が終了してYが退去したときは，Aは，Yの退去から2か月後に保証金（⑸の計算による残額）を返還する。

⑸保証金の返還にあたっては，あらかじめ3000万円を控除した上，YがAに対し未払の賃料債務または損害賠償債務を負っている場合には，さらにその額を返還額から差し引く。

※以下の［CASE 1］［CASE 2］は，独立の事実関係である。また，現在時点は2023年6月7日とする。

［CASE 1］

2022年3月17日，Aは，至急に流動資金が必要となり，取引先の商社Cから2200万円を借り入れた（貸付利率・弁済期等の詳細は省略する）。その際，Aは，この借入金債務の支払のために，Yに対する賃料債権のうち2023年4月分から7月分までをCに譲渡した。この債権譲渡については，同日，Cが，Yの承諾書に公証人役場で確定日付印を受けた。また，CY間では，これら4か月分の賃料の支払方法をCが指定する銀行口座への振込みとすることも了承された。

2022年11月頃から，Aの経営状態が急激に悪化し，2023年3月には，Aは，Xからの借入金債務（同月15日の返済分）を支払うことができなかった（この時点での借入残高は約1億円であった）。また，Aは，Yに対し，同年4月1日に予定されていた第7回分の建設協力金の返還もしなかった。

そこで，Xは，2023年5月8日，乙上の根抵当権に基づく物上代位権の行使として，2階フロアに係るYに対する賃料債権のうち，差押命令送達の日以降支払期が到来する分から被担保債権額に満つるまでの差押えを申し立てた。債権差押命令は，同月11日にYに，同月13日にAに送達されたが，Yは，同月末日を過ぎてもXによる賃料の取立てに応じないでいる。

[CASE 2]

2019年1月，乙の3階フロアを賃借していたテナントが倒産し，他にも同年3月限りで退去するテナントが続出したため，Aは，資金繰りに窮してしまい，Yに対し，同年4月1日に予定されていた第3回分の建設協力金の返還が困難となった。そこで，Aは，Yに協議を求め，同年4月1日，Yとの間で次のような本件合意をした。

第1項　Yは，Aに対し，2019年4月返還分の建設協力金の返還を1年間猶予する。

第2項　Aが建設協力金の返還債務の支払を遅滞したとき，Aについて破産・民事再生・会社更生手続開始の申立てがされたとき，または，Aの財産に対する差押・仮差押命令が発送されたときは，Aは，期限の利益を喪失し，直ちに建設協力金の残額全部を返還しなければならない。この場合には，Aは，保証金についても，その時点での計算額を直ちに返還しなければならない。

第3項　前項の場合には，建設協力金返還債権および保証金返還債権の完済に至るまで，毎月末に，新たに弁済期が到来した賃料債権600万円を，順次，これらの返還債権と対当額で相殺する。

これにより，いったんは，Aの資金繰りが持ち直した。

しかし，2022年9月頃から，Aの経営状態が再度悪化し，Aは，X以外の取引先に対する支払が遅れがちになった。2023年2月23日，建設会社Dが，Aから請け負った土壌汚染対策工事の工事代金3000万円を回収するため，AのYに対する賃料債権のうち同年3月分以降，3000万円に満つるまでについての差押えを申し立て，債権差押命令が同月26日にYに，同月28日にAに送達された。しかし，Yは，Dが差し押さえた賃料債権は本件合意第2項・第3項に基づく相殺により消滅していると主張して，Dの取立てに応じなかった。

2023年4月，Aは，経営が危機的状況に陥ったため，Xからの借入金債務（同月15日の返済分）を支払うことができなかった（この時点での借入残高は約1億円であった）。そこで，同年5月8日，Xは，乙上の根抵当権に基づく物上代位権の行使として，2階フロアに係るAのYに対する賃料債権のうち，差押命令送達の日に支払期にある分以降，被担保債権額に満つるまでについての差押えを申し立てた。債権差押命令は，同月11日にYに，同月13日にAに送達された。しかし，Yは，Xが差し押さえた賃料債権は本件合意第2項・第3項に基づく相殺により消滅していると主張している。

Keypoints

1 抵当権に基づく賃料債権に対する物上代位に関して，賃料債権の譲渡，賃借人による相殺，一般債権者による差押えとの競合場面をめぐる判例の考え方を理解する。

2 抵当権者が賃料債権に対して物上代位権を行使した場合に，賃借人の敷金返還債権の履行がどのような方法で確保されるのかを理解する。

3 差押えと相殺の問題場面および抵当権に基づく物上代位と相殺の問題場面で，相殺予約・相殺合意がどのような効力を有するかにつき，判例の考え方を理解する。

Questions

(1)　[CASE 1] に関して

(a)　XがYに対して賃料の支払を請求するためには，(ア)どのような訴訟によるべきか。また，(イ)その請求のためには，どのような事実が要件となるか。

(b)　2022年3月17日にされた賃料債権の譲渡は，Xが根抵当権に基づく物上代位権を行使することの妨げとなるか。

(c)　Yは，Aに預託した(ア)建設協力金または(イ)保証金に関連する事由をもって，Xに対する賃料の支払を拒むことができるか。

(d)　Yが，Aとの間で本件賃貸借契約を合意解除して乙から退去したとする。この事実は，(c)(イ)の結論に影響を与えるか。

(2)　[CASE 2] に関して

(a)　Xの根抵当権に基づく物上代位権の効力は，2023年3月・4月分の賃料債権にも及ぶか。

(b)　2023年2月にDが賃料債権を差し押さえていた事実は，Xが根抵当権に基づく物上代位権を行使して賃料債権から優先弁済を受けることの妨げとなるか。

(c)　Ｙが本件合意に基づく相殺を主張していた事実は，Ｘが，物上代位権の行使により 2023 年 3 月分から 5 月分までの賃料債権から優先弁済を受けることの妨げとなるか。(a)が肯定されるものとして，保証金返還債権との相殺の主張について検討しなさい。

(d)　Ｙが本件合意に基づく相殺を主張している事実は，Ｘが，物上代位権の行使により 2023 年 6 月分以降の賃料債権から優先弁済を受けることの妨げとなるか。保証金返還債権との相殺の主張について検討しなさい。

(e)　本件合意の第 3 項が「Ａが前項の建設協力金および保証金を返還するまでの間，Ａは，Ｙに対する賃料月額 600 万円のうち 400 万円を免除し，同額を建設協力金または保証金の返還額から減額する。」という内容であったとする。この事実は，(d)の結論に影響を与えるか。

Materials

1）　必読文献

□道垣内『担保物権法』147～160 頁
□松岡『担保物権法』53～77 頁
□潮見『プラクティス』409～449 頁
□中田『債権総論』454～489 頁

2）　参考文献Ａ

□野山宏「判解・最判平成 10 年 1 月 30 日（必読判例①）」最判解平成 10 年度(上) 1 頁
□杉原則彦「判解・最判平成 13 年 3 月 13 日（必読判例②）」最判解平成 13 年度(上) 257 頁
□司研『紛争類型別』34～35 頁
□司研『要件事実Ⅰ』123～126 頁，136～137 頁
□松本明敏「執行関係事件と要件事実」伊藤滋夫総括編集『民事要件事実講座 2』（青林書院，2005 年）206～209 頁

3）　参考文献Ｂ

□中野＝下村『民事執行法』743 頁
□谷口園恵＝筒井健夫編著『改正　担保・執行法の解説』（商事法務，2004 年）57 頁，61 頁

4）　必読判例

□①最判平成 10 年 1 月 30 日民集 52 巻 1 号 1 頁〔百選Ⅰ 84〕

□②最判平成13年3月13日民集55巻2号363頁〔百選Ⅰ 85〕

□③最判平成14年3月28日民集56巻3号689頁

□④最判平成10年3月26日民集52巻2号483頁

5）参考判例

□①最大判昭和45年6月24日民集24巻6号587頁〔百選Ⅱ 32〕

□②最大判昭和39年12月23日民集18巻10号2217頁

Ⅲ－10 抵当権と利用権

Sは，2008年に，A銀行から建築資金2億円を借り入れて，自己が所有する本件土地上に，賃貸マンション甲（北棟）と乙（南棟）を建築した。AのSに対する2億円の貸付は，利息年9％，返済年数20年の元利均等返済とされ，その担保として，南北両棟と敷地に順位1番の共同抵当権が設定された。

甲（北棟）は，20戸からなる高級賃貸物件であり，月額賃料30万円，敷金120万円，期間2年の条件で賃貸されている。2008年の新築当初から現在まで甲に住み続けている賃借人も多く，Bはその1人である。次に，乙（南棟）は，40戸からなる普通の賃貸物件であり，月額賃料15万円，敷金60万円，期間2年の条件で賃貸されている。

2020年9月12日，近隣の火事によって，乙の外壁がかなり損傷を受けた。また，甲の人気が高いことから，Sは，乙を建て替えてグレードアップした丙（新南棟）を建築することを計画した。

Sが，建て替えを理由に乙の40戸に立ち退きを求めたところ，1年内にほぼすべての世帯が転出していき，Cだけが転居先が見付からないとして立ち退きを拒んだ。そこで，Sは，Cに対して，「適当な転居先が見付かるまで，ひとまず甲に仮住まいしてはどうか。引越費用はすべてSが負担する。また，今後2年間は，月額賃料15万円のままとし，敷金も増額しない。ただ，2年の経過後は，甲の他の住戸と同様，月額賃料を30万円としたい。」と提案し，ようやく立ち退きの同意を取り付けた。Cは，2021年10月17日に，甲の1戸に引っ越した。

その直前の10月15日，Sは，本件土地と甲に，順位2番の共同抵当権を設定して登記も行い（本件共同抵当権。順位1番はAの共同抵当権である），G銀行から，利息年4％，返済月数180か月の元利均等返済の条件で，2億円の融資を受けた。Sは，その一部で，Aに対する借入金債務の残額全部を繰り上げ返済し，A名義の抵当権設定登記は抹消された。また，同月20日に，Sは，建設会社Dとの間で丙（新南棟）の建設請負契約を締結し，請負工事代金の一部として1億2000万円を支払った。

2022年2月18日，丙の基礎工事が完成したところで，Dが倒産してしまった。また，Sも，他の事業での失敗のために資金繰りが苦しい状態にあり，別の建設会社と契約を結んで工事を続行させることができず，丙の完成をあきらめるしかなかった。

同年9月2日，Sは，ますます経済的苦境に陥り，急場をしのぐために，本件土地と甲に順位2番の共同抵当権を設定して，金融業者Hから5000万円の融資を受けた。この貸付は，弁済期2023年4月2日，利息年12%，元利一括返済とされた。

2023年4月2日，Sは，Hに対する借入金債務を返済することができず，以後，Gに対する返済も滞っている。

現在時点は2023年5月28日であり，Gが，行内で今後の対応方針を検討している。

（シナリオ1）　行内での検討の結果，Gは，本件共同抵当権の実行として本件土地および甲（以下「本件不動産」とする）の担保不動産競売を申し立て，Sに対する残債権額を回収することとした。

（シナリオ2）　行内での検討の結果，GがSに対して有する残債権額が大きく，他方では地価が低迷しているため，本件不動産の競売によってもGの残債権額すべてを回収することはおよそ期待できそうになかった。そこで，Gは，系列の不動産会社Eとも調整の上，「EがSから本件不動産を時価に近い価格で買い受けることとし，その代金額で，EがSのGに対する債務を第三者弁済する。Gは，被担保債権の全額が弁済されなくても，本件共同抵当権を放棄し，抵当権設定登記を抹消する。Hにも，抵当権を放棄して抵当権設定登記を抹消するように協力を求める。Eは，その後，本件不動産を他に転売するなどして投下資金を回収する。」という計画を立てた。

ところが，Hにこの計画への協力を求めたところ，「抵当権の放棄や抵当権設定登記の抹消に協力して欲しければ，承諾料300万円を支払え。」

と要求してきた。

Keypoints

1 抵当権と抵当不動産の利用権の優劣関係について理解する。

2 抵当不動産が競売された場合における不動産賃借人の地位について理解する。

3 任意売却（抵当権の私的実行）について理解する。

Questions

(1) シナリオ１の競売によって，Ｆが本件不動産の買受人になったとする。

(a) Ｆから甲の退去を求められた場合に，(ア)Ｂは，それを拒むことができるか。(イ)Ｃについてはどうか。

(b) 最終的に甲を退去するとき（前問で退去を拒むことができない場合のほか，期間満了による退去の場合を含む），ＢおよびＣは，Ｆに対して，入居時にＳに預託した敷金の返還を求めることができるか。

(ア) Ｂは，Ｆに対して，敷金120万円の返還を求めることができるか。

(イ) Ｃは，Ｆに対して，敷金60万円の返還を求めることができるか。仮にできないとすれば，Ｃは，60万円の返還を実質的に確保するため，どのような対応をとることが考えられるか。

(2) シナリオ２のような任意売却が行われたとする。

(a) ＧとＥが立案した任意売却には，どのようなメリットがあるか。

(b) ＧとＥが，承諾料300万円を支払うことなくＨの抵当権を消滅させて抵当権設定登記を抹消するためには，どのような方法をとることができるか。

Materials

1） 必読文献

□道垣内『担保物権法』165〜183頁，200〜205頁

□松岡『担保物権法』77〜86頁，102〜104頁，115〜131頁

2） 参考文献Ａ

□平野哲郎『実践 民事執行法 民事保全法〔第３版補訂版〕』（日本評論社，2022年）198〜204頁

3）　参考文献 B

□谷口園恵＝筒井健夫編著『改正　担保・執行法の解説』（商事法務，2004 年）20〜27 頁，32〜40 頁

□道垣内弘人＝山本和彦＝古賀政治＝小林明彦『新しい担保・執行制度〔補訂版〕』（有斐閣，2004 年）49〜62 頁，82〜89 頁

□中野＝下村『民事執行法』596〜612 頁

Ⅲ−11 留 置 権

2021年4月，S株式会社は，所有する甲土地上にオフィスビル（乙建物）を建てて賃貸することを計画し，A銀行にその建設資金の一部の融資を依頼した。Aは，同月15日，返済期限を2023年3月31日と定めて80億円をSに融資し，その担保として甲土地に抵当権の設定を受け，翌日に抵当権設定登記を備えた。SA間の契約では，さらに，完成後の乙建物に共同抵当を追加設定することも合意された。

2021年4月20日，Sは，B株式会社との間で，工事代金を総額110億円と定めて乙建物の建築工事請負契約を締結し，着手金として20億円を支払った。Sは，その後2021年8月および2022年1月にも，約定どおりに，中間金としてそれぞれ30億円をBに支払った。ところが，2022年4月，乙建物の内装工事の一部を除いてほぼ工事が完成したにもかかわらず，Sは，主たる事業が行き詰まったため，同月末の支払期日に工事代金の残額30億円を支払うことができなかった。そのため，乙建物につき，BからSへの引渡しは行われておらず，Aの抵当権の設定登記もされていない。また，甲土地にはBの設置した囲いが張り巡らされ，乙建物は施錠されていて，Bの関係者以外は，Bの現場監督の許可がなくては甲土地および乙建物に立ち入れない状態になっている。

その後，AとBは膠着状態となって現在に至っている。甲土地の更地価格は60億円程度であり，甲土地・乙建物をあわせた価格は100億円程度である。

現在時点は2023年6月12日である。

Keypoints

1 建設請負人の請負代金債権確保の方法について理解する。

2 民事留置権と商事留置権の要件と効果の違いを理解する。

Questions

(1) 乙建物については，SとBのどちらが所有権を有するか。

⑵　A が甲土地の担保不動産競売を申し立てた場合に，競売により甲土地を買い受けた X は，留置権を引き受けることになるか。乙建物については，S 所有として考えなさい。

(a)　X は，民法上の留置権を引き受けることになるか。

(b)　X は，商法上の留置権を引き受けることになるか。

⑶　⑵がいずれも肯定されるものとする。この場合に，競売による売却価格はおおよそいくらと見込まれ，A と B は各自の債権をおおよそいくら回収することができるか。

⑷　A は，甲土地の担保不動産競売の申立てにおいて，乙建物についても競売を求めることができるか。これが認められるとした場合に，競売による売却価格はおおよそいくらと見込まれ，A と B は各自の債権をおおよそいくら回収することができるか。乙建物が S 所有であり，また，競売による買受人 X が民法上の留置権および商法上の留置権を引き受けるものとして考えなさい。

⑸　S について破産手続が開始しているとする。この事実は，⑵での検討内容に影響を与えるか。

Materials

1）　必読文献

□中田『契約法』514～518 頁

□道垣内『担保物権法』13～46 頁，160～161 頁

□松岡『担保物権法』239～257 頁

2）　参考文献 A

□司研『紛争類型別』214～215 頁

□司研『手引／事実摘示』36 頁

□江頭憲治郎『商取引法〔第 9 版〕』（弘文堂，2022 年）270～272 頁

□清水真希子「判批・最判平成 29 年 12 月 14 日（必読判例①）」法教 455 号（2018 年）70 頁

□土井文美「判解・最判平成 29 年 12 月 14 日（必読判例①）」最判解平成 29 年度㈦ 740 頁

3）　参考文献 B

□松岡久和「判批・最判平成 29 年 12 月 14 日（必読判例①）」金融・商事判例 1636 号（2022 年）52 頁

4）　必読判例

□①最判平成29年12月14日民集71巻10号2184頁

5）　参考判例

□①大判明治37年6月22日民録10輯861頁

□②最判昭和44年9月12日判時572号25頁

□③大判昭和18年2月18日民集22巻91頁

□④大阪高決平成23年6月7日金法1931号93頁

□⑤東京高決平成10年11月27日判時1666号141頁②事件

Ⅲ－12　不動産譲渡担保

[CASE 1]

資金不足に悩むS株式会社は，親会社であるA株式会社を通じて，G株式会社に融資を依頼し，2021年5月11日に，Gから，返済期限2年後，利息年20%，元利一括返済の条件で，4000万円を借り受けた（これによる元利金債権をα債権とする)。同日，Aは，Sからの委託に基づき，Gとの間で，α債権を担保するためにAが所有する甲土地をGに譲渡する旨の契約を締結した。甲土地については，直ちに，「令和3年5月11日譲渡担保」を登記原因とする所有権移転登記（所有者G）がされた。なお，甲土地は，当時，Aが駐車場として利用しており（その後も同様である)，時価は8000万円前後であった。

2023年3月末頃，Sの経営が破綻し，事実上の倒産に至った。また，甲土地の時価は2021年5月時点から大幅に下落しており，5300万円から5900万円程度とみられた。

2023年4月24日，GとAは，鑑定の時間と費用を節約するため，甲土地の評価額の鑑定をしないまま清算を行うこととし，次のような合意をした。「(1)本年5月11日の時点で，Gが確定的に甲土地の所有権を取得し，α債権（元利合計5600万円）が消滅するものとする。(2)同日時点に甲土地の客観的評価額が5600万円を超える場合には，AはGに対して清算金の支払を免除し，客観的評価額が5600万円未満である場合には，GはSに対して残余の債務の支払を免除する。」

現在時点は，2023年6月30日とする。

[CASE 2]

資金不足に悩むS株式会社は，G株式会社に対し，S所有の甲土地を担保として4000万円の融資を依頼し，2021年5月9日に，返済期限2年後，利息年20%，元利一括返済の条件で合意をみた。そこで，同年5月11日，SとGは，次のとおりの内容の本件契約を締結した。「(1)Sは，Gに対し，甲土地を代金4000万円で売却する。(2)Gは，代金4000万円を，指定されたSの預金口座に振り込む。(3)Sは，2023年5月11日の買戻期限まで，5600万円の買戻代金を支払って本件契約を解除することができる。(4)Sは，占有改定の方法により甲土地をGに引き渡すが，その後も，買戻期限までは甲土地を無償で使用することができる。」

翌日，GがSの預金口座に4000万円を入金し，また，甲土地につき，「令和3年5月11日売買」を登記原因とする所有権移転登記（所有者G）および買戻特約の付記登記がされた。なお，甲土地は，当時，Sが駐車場として利用しており（その後も同様である），時価は8000万円前後であった。

2023年5月11日，Sが，Gに対し，現金5200万円を提供して本件契約の解除を通知し，甲土地の登記名義の回復を求めたところ，Gは，400万円の不足を理由に5200万円の受領を拒むとともに，本件契約の解除は効力を生じないと主張した。

そこで，Sは，翌日，買戻代金5200万円をGのために供託した。ところが，同月18日に，Gは，Sにも通知しないまま，B株式会社に対して甲土地を5800万円で売却し，即日，Bに対する所有権移転登記が行われた。

なお，Gの代表取締役G′はBの取締役を兼ねているほか，Bの取締役は全員がG′の親族であり，Bの経営は実質的にはG′が支配しているとみられる。

現在時点は，2023年6月30日とする。また，甲土地の時価は，2021年5月以降も8000万円前後のままであったとする。

Keypoints

1 譲渡担保設定契約の認定について理解する。

2 譲渡担保の法的構成について理解する。

3 譲渡担保の清算関係をめぐる諸問題を理解する。

4 譲渡担保権者が目的不動産を第三者に処分した場合に，譲渡担保設定者と第三者がどのような関係に立つかを理解する。

5 保証人と物上保証人の地位の違いを理解する。

Questions

(1)　[CASE 1] に関して

(a)　A が甲土地の登記名義を回復したいと考えているとする。登記名義を回復するには，A は何をしなければならないか。

(b)　A が(a)をみたした上で G に対する訴訟を提起する場合に，A は，どのような請求をすべきか。また，その請求のためにはどのような事実が要件となるか。

(c)　G は，2023 年 4 月 24 日の AG 間の合意をもって反論することができるか。

(2)　[CASE 1] に関して（その 2）

(a)　[CASE 1] において，2023 年 4 月 24 日の AG 間の合意がなかったとする。A が甲土地の回復を断念した場合に，A は，その旨を G に通知して，G に対し，甲土地の時価（5800 万円とする）と α 債権の総額との差額を支払うよう求めることができるか。

(b)　[CASE 1] において，2023 年 4 月 24 日の AG 間の合意がなかったとする。A は，α 債権を弁済しないまま，S に対して何らかの求償権を行使することができるか。

(3)　[CASE 2] に関して

(a)　SG 間の本件契約について，その法的性質を説明しなさい。

(b)　S が，B に対して訴訟を提起し，甲土地の登記名義の回復を求めたとする。

(ア)　S は，どのような請求をすべきか。また，その請求のためにはどのような事実が要件となるか。

(イ)　B は，どのような反論をすることが考えられるか。また，その反論は認められるか。

(c)　S が B の所有権を争うことができない状況であるとする。B が S に対して甲土地の明渡しを求めた場合に，S はどのような反論をすることが考えられるか。また，その反論は認められるか。

(4)　[CASE 2] に関して（その 2）

(a)　[CASE 2] において，S が，資金を用意できず，2023 年 5 月 11 日・

12日に5200万円を提供・供託することができなかったとする。BがSに対して甲土地の明渡しを求めた場合に，Sは，どのような反論をすることが考えられるか。また，その反論は認められるか。

(b)　［CASE 2］において，2023年5月11日にGが受領を拒んだ5200万円につき，Sが供託をしなかったとする。Sは，現時点で再度Gに5200万円を提供して供託することにより，Bに対して，甲土地の登記名義の回復を求めることができるか。

Materials

1）　必読文献

□道垣内『担保物権法』301～333頁，22～25頁，31～34頁

□松岡『担保物権法』308～351頁，243～247頁，252～253頁，21頁

2）　参考文献A

□司研『紛争類型別』71～76頁，93～94頁

3）　参考文献B

□松岡久和「判批・最判平成6年2月22日（必読判例②）」民商111巻6号（1995年）937頁

□山野目章夫「判批・最判平成2年12月18日（参考判例②）」判タ757号（1991年）52頁

□高橋眞『担保物権法〔第2版〕』（成文堂，2010年）92頁

□松岡久和『物権法』（成文堂，2017年）132～139頁

4）　必読判例

□①最判昭和62年2月12日民集41巻1号67頁

□②最判平成6年2月22日民集48巻2号414頁〔百選Ⅰ 95〕

□③最判平成18年10月20日民集60巻8号3098頁

5）　参考判例

□①最判平成8年11月22日民集50巻10号2702頁

□②最判平成2年12月18日民集44巻9号1686頁

□③最判平成18年2月7日民集60巻2号480頁〔百選Ⅰ 93〕

□④最判昭和62年11月12日判時1261号71頁

□⑤最判昭和43年11月21日民集22巻12号2765頁

□⑥最判平成9年4月11日裁時1193号1頁

□⑦大判大正9年9月25日民録26輯1389頁

Ⅲ－13　動産譲渡担保

[X の言い分]

私は個人で金融業を営んでいます。2022 年 12 月 1 日，知人からの紹介ということで，事業の運転資金を貸して欲しいと言ってきた A に，300 万円を貸しました。正確に言うと，A の作品を製造・販売することを目的とする B 工芸社に貸したということになりますが，B は A の奥さん C が代表取締役，A が取締役というもので，実質的には法人成りした A の個人会社です。返済期は 6 か月後の 2023 年 6 月 1 日とし，利率年 16%の利息 24 万円を天引きして，276 万円を渡しました。私は，それ以前から，A は腕のいい工芸作家でその作品は高く売れていると聞いていました。しかし，A は，職人気質で欲がなく，自分と家族と内弟子（常時 2 〜 3 人はいたようです）の生活費が得られれば十分だとして，注文を受けて作品を作るほかは，気の向いたときに作った作品を倉庫に置いておいて，どうしても欲しいという人に現金で売るくらいで，B をきちんとした会社組織にして商品を大量に生産して売ることなどは考えていなかったみたいです。それが逆に「作家性が高い。」とか「A の作品は希少価値がある。」と人気を呼んでいたので，まあ，世の中皮肉なものだとも思えます。

そんな A が私のところに来て話した事情によると，「半年ほど前，仕事場と共に借りていた倉庫中の材料や作品の一部が地震で破損し，悪いことは重なるもので，残った物の大半も，その直後に盗難に遭ってすっかりなくなってしまった。保険をかけていなかったので全くの損になり，作品を作ろうにも材料の仕入れができず，会社は潰れそうだし，生活費のやりくりにも困った。自分は住居も仕事場も借家で不動産を所有しておらず，親戚・友人には抵当権を設定できそうな不動産を所有している者や資力に余裕があって連帯保証人になってくれそうな人もいないので，銀行は会社にも私個人にも金を貸してくれない。かといって面識もない街金（まちきん）から金を借りるのは怖い。そこで知人に紹介してもらってあなたのところに来た。」――こういう事情で私に金を借りに来たということでした。

Aの窮状に同情した私は，求められるままにBに300万円を貸すことにしました。もちろんこちらも商売ですから，金消契約書（金銭消費貸借契約書のこと）には，「Bについて，強制執行・滞納処分，担保権実行または破産・民事再生・会社更生の申立てがなされたときは，Bは期限の利益を喪失する。」という条項が入れてあります。また，担保として，「Bは，この貸金債権の担保として，甲土蔵中に現在保管し，または将来搬入・保管されるすべての美術工芸品材料および製作済みの美術工芸品（これをαとする）の所有権をすべてXに譲渡し，これらを占有改定の方法によりXに引き渡した。ただし，Xから権利実行の通知があるまでは，Bは，Xの同意を得ることなく，当該美術工芸品を売却してその代金を収受することができ，また，当該美術工芸品材料を美術工芸品の製作に用いることができる。」との合意をし，これも金消契約書に明記しました。先ほど申し上げたように，AC夫婦やBには他に適当な物的・人的な担保がなかったのですが，Aが借金を返済するために精を出して作品を作ってくれれば，100万円ほどの材料からでもすぐに1000万円以上の価値のある作品ができる，とAの腕を見込んだからです。それがこんな結果になって残念です。

今年（2023年）の3月頃に，Bが税金を滞納して差押えを受けたということを知ったのは，つい先日です。しかも，この滞納処分は，AC夫婦が知人に泣きついて集めた金で延滞金などを払ったため取り下げられたと聞いています。だから，この時点では私は担保権を実行していません。返済期限を過ぎてもBが300万円を返してくれないので，6月2日に初めて実行の通知をB宛に出しました。Yは，この点を逆手に取って，4月11日の時点では，私に材料や作品について確定的な所有権が取得されていないと主張しているようですが，Yがその時点で甲土蔵にあった作品だけでなくその材料まで全部買い受けるというのは異常なことです。むしろ，Yは，私と違って悪徳な金貸しで，Bに高利で金を貸し付けて，譲渡担保権を設定させたのでしょう。材料や作品を乙土蔵に移動させたのもYの悪知恵ですよ。しかし，どちらもBの借りている土蔵ですし，同じ譲渡担保なら私の方が先に付けているので，私が優先するはずです。

一方，Zは，今年（2023年）の4月末ころに美術工芸品の材料をAに代金後払いで引き渡したということですが，Bが税金の滞納処分で差押えを受けた3月の時点か，遅くともZが5月31日に仮差押えの申立てをした時点で，Bとの約定に従ってすでに私は担保権の実行ができることになっていたはずです。だから，その時点で甲土蔵にあった材料や作品については，私の所有物であることが確定していて，Zは仮差押えができないと思います。また，Zが引き渡した材料のうち甲土蔵に残っている分（これをβとする）についても，先ほどの約定により私に引き渡されていることになりますから，先取特権は消滅しています。さらに，Zが引き渡した材料をAが加工して作った作品（これをγとする）は，元の材料とは別物ですから，Zの主張している先取特権は，すでに消滅しています。

[Yの言い分]

わしは，長年，美術工芸品の販売を生業としておる。Aには前々から注目しておったが，欲のない奴で，作品をまとめて作って売ってくれと何度も頼んでいたんじゃが，断られ続けてきた。それがどういう風の吹き回しか，今年（2023年）の4月初めに，自分の作品の先物買いをしてくれないかと言うて来おった。地震と盗難ですっかり貧乏になり，作品を作り続ける材料を仕入れることも難しくなったうえ，会社が税金滞納で差押えまで受けて，このままでは破産だ，と泣きついて来よったのじゃ。こちらも願ったり叶ったりということで，2つ返事でOKし，4月11日に，土蔵にあった材料を使ってその後に製作する予定だという作品と，すでにできあがっていた若干の作品をあわせて1000万円で買うてやることにした。それだけじゃのうて土蔵にあった材料も全部買うてやった。もちろん契約書はちゃんと作っておる。

なに？　たしかにAの作品は全部で市価なら2000万円くらいにはなるかもしれん。じゃが，実際に作品ができるかどうかもわからん。現に，Aがあんな気の毒なことになったので，会社や材料が残ってもどうしようもない。わしは危険を承知のうえで買うたんじゃし，買うた作品もすぐに売れるものでなく寝かしておかにゃならんのじゃから，暴利などと言われる筋合いはない。ああ，当座の資金がいるじゃろうから，とりあえず滞納した税金を支払う分などに充てるようにと，手付金を400万円渡してやった。「これでさっそく税金を納められます。」と，Aは涙を流して感謝しておったぞ。残りの代金は，出来た作品をうちに納めてもらったときに現金で払うことにしていた。4月11日に材料も買うてやったのは，安心して作品作りに励めという意味じゃ。何もやましいことはない。Aがあんな気の毒なことになってかわいそうなことじゃが，わしも大損じゃ。

なに？　Xがすでに作品やその材料の所有者となっていた？　そんなことはわしは知らんかった。後でAの内弟子から聞き出した話じゃと，（XB間の）最初の約束では，Xは，Aの材料や作品を全部担保に取ってしまうことになっていたらしい。ところが，それではあまりにえぐうて無効だと言われかねないと耳打ちする腹黒い奴がいて，いかにも甲土蔵の中にある材料と作品だけを担保に取るように書き替えたそうじゃ。しかし，仕事場にある作りかけの作品用のわずかな材料を除けば，みんな甲土蔵に入っていたのじゃから，結局全部担保に取ってしまったことに変わりはあるまい。いかにもあくどい金貸しがやりそうなことじゃのう。

なに？　わしの買うてやった分か？　ああ，Aは実に律儀な奴じゃった。「Yさんに売ったのだから別に取り分けておかないといけない。」と言って，100メートルほど離れたところにある乙土蔵を家主さんからただで使わせてもらって，そこに材料も作品も移動させよった。甲土蔵には，それ以後仕入れた材料と若干の作品しかないはずじゃ。こういうことじゃから，甲土蔵から乙土蔵に移した物（これをδとする）は，その後はわしのためにBが占有していたことになるんじゃないのか。

[Z（の専務取締役）の言い分]

私の会社は長年美術工芸品などの材料を商っている小さな会社で，私が専務で，夫が社長をしています。Bとは長年お付き合いしていただいています。去年（2022年）の今頃だったと思いますが，地震や泥棒の被害に遭われて，私どもの会社から納品した材料代金の支払も遅れがちで，100万円が未払でした。

今年（2023年）の3月に税務署から差押えを受けられた時点で，私は，

Bもいよいよもうだめかと思いました。しかし，うちの社長が（Aさんの）奥さんのCさんに頼まれて嫌と言えず，200万円分の材料を後払で納品すると約束してきました。私は，それではうちの会社が危ないと思いましたので，知り合いの弁護士さんに相談して，前の100万円とあわせて300万円を5月27日まで貸すという契約にすることで，AC夫婦には納得してもらい，4月28日に材料を200万円分納品しました。納品書・請求書の写しと金銭消費貸借契約書はここにあります。うちの社長は「何もそこまでしなくても良いじゃないか。俺のメンツが丸潰れだ。」と文句ばかり言ってますが，300万円の代金債権が焦げ付いたら，うちの会社も潰れてしまいます。

Aさんのところでお世話になってる内弟子の1人は，うちの遠縁の子なのですけれど，5月24日夜に慌てて電話してきて，「えらいこっちゃ，センセ（AさんのことをCさんは内弟子にこう呼ばせています）が，もうあかん。この先どないしょう。」と言うのです。それで，残されたCさんやお弟子さんたちには気の毒だとは思いましたけれど，弁護士さんにお願いして，31日にはすぐに甲土蔵の中の物を仮差押えする手続をとってもらいました。先取特権も主張した方が良いと弁護士さんが言われるので，契約書や納品書を裁判所に出して，6月3日には差押えも申し立てました。

Xは，甲土蔵の中にあるうちの会社の納めた材料も自分が所有権を取得したと主張しておられますが，Bが3月に税金の滞納処分を受けた時点で，XがBから担保に取った物は決まったというなら，その後にうちの会社が納めた材料にはXは手が出せないはずです。それに，Xは，Bが代金後払で材料を仕入れていた事情を十分承知していたはずですから，それを知っていて担保に取るというのは，あまりにひどすぎませんか。

[Aのひと言]

俺は死んでません。町内のソフトボール大会で指を骨折して仕事ができなくなったなんて，かっこ悪くて言えんでしょう。

※以上の［言い分］のうち，関係者が明示的に争っていない点は，主張どおりの事実があったものとして考えなさい。現在時点は2023年7月7

日である。

Keypoints

1 集合動産譲渡担保に特有の問題がどこにあるかを理解する。

2 譲渡担保の法的構成の違いによって具体的な結論がどのような影響を受けるのかを理解する。

3 動産譲渡登記が利用された場合に，動産譲渡担保の法律関係がどのような影響を受けるのかを理解する。

Questions

(1) XY 間の法律関係について

(a) X は，Y に対して訴訟を提起し，δ の引渡しを求めたいと考えているとする。

(ア) X が δ について譲渡担保権を主張するためには，どのような事実が要件となるか。

(イ) 2023 年 4 月 11 日の BY 間での契約が売買契約であったとした場合に，X による δ についての譲渡担保権の主張に対して，Y は，どのような反論をすることが考えられるか。また，その反論は認められるか。

(b) 仮に，X の言い分のとおり，2023 年 4 月 11 日の BY 間での契約が譲渡担保設定契約であったとする。この場合に，X と Y は，乙土蔵に移転される前の δ（α）につき，それぞれどのような権利を有していたことになるか。

(2) XZ 間の法律関係について

(a) Z が申し立てた差押えの手続について，(ア)根拠条文を挙げなさい。また，(イ)Z は，β および γ を差し押さえる権利を有していたか。

(b) β について，X の権利と Z の権利はどのような関係にあるか。

(c) X は，Z が申し立てた差押えの手続を阻止することができるか。

(ア) X は，どのような訴訟によるべきか。

(イ) 差押えの手続を阻止するためには，どのような事実が要件となるか。

(3) 2023 年 6 月 30 日に，B について破産手続が開始されたとする。この場合に，X は，β につき，取戻権と別除権のどちらを行使することができるか。

(4)　設例と異なり，2022 年 12 月 1 日の契約による α の譲渡について動産譲渡登記がされていたとする。この事実は，XY 間および XZ 間の法律関係に影響するか。

Materials

1）　必読文献

□道垣内『担保物権法』334〜349 頁

□松岡『担保物権法』351〜373 頁

□佐久間『物権』136〜137 頁，156 頁

□山野目章夫『民法概論 2』（有斐閣，2022 年）107〜110 頁，120 頁

2）　参考文献 A

□古積健三郎＝上原敏夫＝森宏司「集合動産譲渡担保と動産売買先取特権」鎌田ほか編著『民事法Ⅱ』145 頁

□宮坂昌利「判解・最判平成 18 年 7 月 20 日（必読判例②）」最判解平成 18 年度(下) 838 頁

□司研『紛争類型別』120〜122 頁，125〜130 頁

□司研『手引／事実摘示』25〜26 頁

3）　参考文献 B

□松本明敏「執行関係事件と要件事実」伊藤滋夫総括編集『民事要件事実講座 2』（青林書院，2005 年）197〜201 頁

□中野＝下村『民事執行法』301〜304 頁

□伊藤眞『破産法・民事再生法〔第 5 版〕』（有斐閣，2022 年）503〜505 頁，996 頁

4）　必読判例

□①最判昭和 62 年 11 月 10 日民集 41 巻 8 号 1559 頁〔百選Ⅰ 96〕

□②最判平成 18 年 7 月 20 日民集 60 巻 6 号 2499 頁〔百選Ⅰ 97〕

□③最判平成 18 年 7 月 20 日判タ 1220 号 94 頁

5）　参考判例

□①最判昭和 54 年 2 月 15 日民集 33 巻 1 号 51 頁

□②最判昭和 57 年 10 月 14 日判時 1060 号 78 頁

□③最判昭和 58 年 2 月 24 日判時 1078 号 76 頁

□④最判昭和 41 年 4 月 28 日民集 20 巻 4 号 900 頁

Ⅲ－14 所有権留保

[CASE 1]

2022年12月1日，工作機械の卸売業者Aは，総合商社Pとの間で，工作機械30台（本件機械）を代金7500万円で買う契約を締結した。この売買契約では，「⑴本件機械の引渡し時に，Aは，Pに対し，内金1500万円を支払う。残代金の全額が支払われるまで，本件機械の所有権はPに留保される。⑵Aは，本件各機械を販売する毎に，Pに対し，1台あたり200万円の残代金を支払う。この支払により，当該機械の所有権はPから移転する。⑶前項の支払まで，Aは，本件機械を，Pのステッカーを付したままA所有の甲倉庫において保管する。⑷Aは，2023年5月31日限り，本件機械の残代金の全額を支払う。」と定められていた。

2022年12月5日，Aは，Pとの間で，内金1500万円の支払と引換えに，本件機械の引渡しを受けた。本件各機械には，所有者をPとし，Pの所在地・電話番号を記載したステッカーが，目立つ箇所に貼られていた。Aは，本件機械を甲倉庫に搬入し，ステッカーが貼られたまま保管した。

2023年4月15日，Aは，販売店Bに対して本件機械10台を転売し，代金3800万円の支払と引換えに，ステッカーを剝がした10台を引き渡した。Aは，資金繰りが悪化していたことから，Pに対してはBに対する転売の事実を秘し，2000万円の支払をしなかった。

同年6月7日，Aは，別の販売店Cとの間で，本件機械10台を代金3500万円で転売し，内金700万円の支払と引換えに，ステッカーを剝がした10台を引き渡したが，残代金2800万円の支払は6月12日に行うものとされた（残代金は6月12日の経過後も未払のままである）。

ところが，経営状況が深刻化していたAは，同年6月9日までに，事実上の倒産状態となった。同日夕刻には，Aに対して450万円の債権を有する貸金業者Dが，甲倉庫に大型トラックを乗り付け，Aから代物弁済の承諾を得て，本件機械のうち3台を持ち去った。さらに，同年6月10日には，Aに対して4000万円の債権を有する取引先Eが，甲倉庫内に残っていた本件機械7台（αとする）に対する強制執行を申し立て，αが差し押さえられた。

なお，その後，Dが持ち去った本件機械3台のうちの1台（βとする）が，Pのステッカーを貼った状態で，10キロほど離れたR所有の空き地に放置されているのが見つかった。βは，運搬途中に破損したためにDが置き捨てたものとみられる。

現在時点は，2023年7月15日である。

[CASE 2]

[CASE 1] の事実関係に加えて，以下の事実があったとする。

2022年11月15日，Aは，同業者Qから運転資金5000万円を借り入れるとともに，その債務を担保する目的で，甲倉庫内に現に存在し，または将来に搬入される一切の在庫商品をQに譲渡し，占有改定の方法による引渡しを行った。甲倉庫内には，当時，約3000万円相当のさまざまな商品が置かれていた。

同年12月半ば頃，Qは，本件機械が甲倉庫に搬入された事実を知ったが，現物を点検しなかったため，ステッカーの存在は知らなかった。

Keypoints

1 所有権留保の目的物が転売された場合の法律関係について検討する。

2 所有権留保と集合動産譲渡担保が競合した場合の法律関係について検討する。

3 留保所有権者および譲渡担保権者が転売代金債権に対しどのような権利を有するかを検討する。

4 土地所有者の妨害排除請求権の要件について考察する。

Questions

(1) [CASE 1] に関して

(a) B・CとDは，それぞれ，本件機械の所有権を取得することができるか。

(ア) 仮に，PA間での売買にあたり本件機械の転売が予定されていたという事情を考慮に入れなければ，どのようになるか。

(イ)　当該事情を考慮に入れた場合は，どのようになるか。

(b)　Pは，甲倉庫内に残っているαから，売買代金の残額を回収したいと考えている。

(ア)　Pは，Eが申し立てた強制執行の手続を阻止することができるか。

(イ)　Pは，αから，売買代金の残額をどのようにして回収することができるか。

(c)　Pは，AがCに対して有する転売代金債権（γ債権とする）から，売買代金の残額を回収したいと考えている。Pは，γ債権につき，どのような権利を主張することができるか。

(d)　Rは，Pに対し，βを自己の費用で撤去するよう求めることができるか。

(2)　[CASE 2] に関して

Qは，甲倉庫内に残っているαから，Aに対する5000万円の貸金債権を回収したいと考えている。

(a)　Qは，αにつき，どのような権利を有しているか。

(b)　Qは，Eが申し立てた強制執行の手続を阻止することができるか。

Materials

1）　必読文献

□道垣内『担保物権法』365〜374頁

□松岡『担保物権法』375〜388頁

□佐久間『物権』332〜337頁

2）　参考文献A

□松本展幸「判解・最判平成30年12月7日（必読判例②）」最判解平成30年度322頁

□和田勝行「判批・最判平成21年3月10日（必読判例③）」百選Ⅰ 200頁

□森田修「判批・最判平成29年12月7日（参考判例①）」金法2097号（2018年）33頁

3）　参考文献B

□米倉明『所有権留保の研究』（新青出版，1997年）の各所

□安永『物権・担保物権法』492頁

□近江幸治『民法講義Ⅲ 担保物権〔第3版〕』（成文堂，2020年）342頁

□舟橋諄一＝徳本鎭編『新版注釈民法(6)〔補訂版〕』（有斐閣，2009年）201頁〔好美清光〕

4）　必読判例

□①最判昭和 50 年 2 月 28 日民集 29 巻 2 号 193 頁

□②最判平成 30 年 12 月 7 日民集 72 巻 6 号 1044 頁〔百選Ⅰ 100〕

□③最判平成 21 年 3 月 10 日民集 63 巻 3 号 385 頁〔百選Ⅰ 99〕

5）　参考判例

□①最判平成 29 年 12 月 7 日民集 71 巻 10 号 1925 頁

□②最判昭和 57 年 12 月 17 日判時 1070 号 26 頁

□③最判昭和 49 年 7 月 18 日民集 28 巻 5 号 743 頁

□④最判平成 18 年 7 月 20 日民集 60 巻 6 号 2499 頁（Ⅲ-13 必読判例②）〔百選Ⅰ 97〕

□⑤最決平成 22 年 12 月 2 日民集 64 巻 8 号 1990 頁

□⑥最決平成 29 年 5 月 10 日民集 71 巻 5 号 789 頁

Ⅲ−15 債権譲渡

2021年4月4日，不動産賃貸業を営むYは，賃貸マンション（本件マンション）の建築工事を，建設業者Aに請け負わせた。本件マンションは2022年3月中旬に竣工し，同月31日，Yは，工事代金3億円のうち2億5000万円を支払ってその引渡しを受けた。工事代金の残額5000万円については，AY間の合意により，2023年3月31日が支払期日とされた。以下，この5000万円の残代金債権をα債権とする。

Aは，金融業者Xから4000万円を借り入れており，2022年6月末が返済期限であったが，支払うことができなかった。返済を強く迫られたAは，同年8月1日，Xの承諾を得て，4000万円の支払に代えてα債権をXに譲渡した。この譲渡については，翌日，AからYに対し，内容証明郵便により通知がされた。α債権を譲り受けるにあたり，Xは，それがAが請け負った建設工事代金の一部であることは知っていたが，工事の具体的な内容については知らなかった。また，Xは，Aを通じて，Yから，「α債権につき，Aに対して主張することができる抗弁事由は，履行期限の定めを除き，すべて放棄します。」という念書（本件念書）を取っていた。Yがこの念書を差し入れたのは，Aから懇願された上，その時点でα債権の支払を拒むことができる事由も履行期限以外は特になかったことによる。

※以下の［CASE 1］［CASE 2］［CASE 3］は，独立の事実関係である。

［CASE 1］

2022年秋，本件マンションでは，台風が通過した際に多数の部屋で雨漏りの被害が生じ，入居者からの苦情が相次いだ。雨漏りの原因は，屋上部分の防水工事に施工上の不手際があったためと判明したので，Yは，Aに対し，補修工事を行うよう何度も求めたが，Aはこれを拒んだ。そのため，2023年3月31日が過ぎた後も，Yは，α債権を支払っていない。

そこで，Xは，Yに対し訴訟を提起し，α債権の支払を求めたいと考えている。他方，Yとしては，Aが補修工事に応じるまで，α債権の支払を拒むつもりでいる。また，Yは，別の建設業者に補修工事を行わせること（見積額500万円）も検討している。

[CASE 2]

2023年3月16日の夕方になって，AからYに対するα債権の譲渡についての通知（2022年8月2日にされたもの）が，Aの社内での事務処理ミスのために，内容証明でない書留郵便により送付されていたこと（この点は前記の事実関係と異なる）が判明した。この事実を把握したXは，急ぎ，「α債権がXに譲渡された。」旨の書面にYの記名・押印を得て，翌17日午後3時頃，公証人役場でその書面に確定日付印を受けた。

ところが，α債権については，同月16日の午前にも，Bに対する譲渡がされていた。Bは，Aに対して貸金債権6000万円を有しており，その一部の弁済として，Aからα債権を譲り受けたものである。この債権譲渡については，翌17日の午後3時頃，内容証明郵便による通知がYに届いた。なお，この内容証明郵便は，Bが，Aの同意を得てA名義で作成し，3月16日午後に郵便局に差し出したものであった。

2023年3月31日が過ぎたが，Yは，Xに対してもBに対してもα債権を支払わないままでいる。そこで，Xが，Yに対して訴訟を提起し，α債権の支払を求めた。

[CASE 3]

α債権についての追加的な事実関係として，2022年3月31日，Aは，Yから，本件マンションに，α債権を被担保債権とする抵当権の設定を受け，抵当権設定登記も備えていた。

また，同年7月20日，Bが，貸金債権6000万円の一部の弁済として，α債権をAから譲り受けていた。この債権譲渡については，翌21日に，内容証明郵便による通知がYに届いた。

他方，同年8月1日にα債権を譲り受けたXは，同月12日，上記の抵当権設定登記につき，債権譲渡を登記原因として，AからXに対する抵当権移転の付記登記を備えていた。

2023年3月31日が過ぎたが，Yは，Xに対してもBに対してもα債権を支払わないままでいる。

Keypoints

1 債権譲渡における債務者対抗要件と第三者対抗要件の規律について，請求原因・抗弁・再抗弁の構造と関係付けて理解する。

2 債権の二重譲渡において第三者対抗要件が同時に備わった場合や対抗要件具備の先後関係が不明の場合に，関係当事者の法律関係がどうなるかを理解する。

3 譲渡債権の債務者が譲渡人に対して主張することができた抗弁のうち，どこまでを譲受人に対抗することができるかについて理解する。

4 被担保債権の譲渡に伴う担保権の移転と対抗要件具備の方法について理解する。

Questions

(1)　[CASE 1] について

(a)　XがYに対する訴訟によってα債権の支払を求めるには，どのような事実が要件となるか。

(b)　Yは，どのような反論をすることが考えられるか。また，その反論は認められるか。

(c)　YがXに差し入れた本件念書は，(b)の反論の妨げとならないか。

(d)　設例と異なり，AからXに対するα債権の譲渡とその通知が2021年10月末（本件マンションの躯体工事中）に行われていたものとする。この場合にも，Yは(b)の反論をすることができるか。

(2)　[CASE 2] について

(a)　Xが提起した訴訟において，Yは，α債権の支払を拒むことができるか。

(b)　設例と異なり，AからXに対する譲渡およびAからBに対する譲渡のどちらについても，その通知が内容証明でない書留郵便によりYに送付されていた（かつ，2023年3月17日にXが公証人役場で確定日付印を得た事実もなかった）とする。この場合に，Yはα債権の支払を拒むことができるか。

(c)　設例と異なり，2023 年 3 月 31 日，Y が，B に対し，α 債権の弁済として 5000 万円を支払っていたとする。この場合における XY 間および XB 間の法律関係について説明しなさい。

(3)　[CASE 3] について

X は，本件マンションにつき，担保不動産競売を申し立て，α 債権の優先弁済を受ける権利を有するか。

Materials

1)　必読文献

□潮見『プラクティス』312〜317 頁，454〜461 頁，492〜527 頁

□中田『債権総論』448〜453 頁，645〜658 頁，664〜674 頁

2)　参考文献 A

□司法研修所編『改訂 問題研究 要件事実』（法曹会，2006 年）166〜174 頁

□司研『紛争類型別』124〜125 頁，135〜154 頁，195〜206 頁

□宇野栄一郎「判解・最判昭和 42 年 10 月 27 日（必読判例①）」最判解昭和 42 年度 480〜481 頁

□池田真朗 = 奥田隆文「債権譲渡と対抗要件」鎌田ほか編著『民事法Ⅱ』311 頁

3)　参考文献 B

□髙橋文清「債権譲渡(1)」村田渉 = 山野目章夫編著『要件事実論 30 講〔第 4 版〕』（弘文堂，2018 年）420〜438 頁

□三枝健治「請負における契約不適合責任」森田宏樹監修『ケースで考える債権法改正』（有斐閣，2022 年）350〜358 頁

□白石大「債権譲渡における債務者の包括的抗弁放棄の効力」磯村保ほか編『法律行為法・契約法の課題と展望』（成文堂，2022 年）195 頁

□田原睦夫『実務から見た担保法の諸問題』（弘文堂，2014 年）211 頁

4)　必読判例

□①最判昭和 42 年 10 月 27 日民集 21 巻 8 号 2161 頁

□②最判昭和 55 年 1 月 11 日民集 34 巻 1 号 42 頁

□③最判平成 5 年 3 月 30 日民集 47 巻 4 号 3334 頁〔百選Ⅱ 24〕

5)　参考判例等

□①最判昭和 39 年 11 月 26 日民集 18 巻 9 号 1984 頁

□②最判昭和 54 年 3 月 20 日判時 927 号 186 頁

□③最判昭和 49 年 3 月 7 日民集 28 巻 2 号 174 頁〔百選Ⅱ 23〕

□④法務省平 5・5・18 民四第三八四一号民事局第四課長通知「債権者不確知供託に

関する最高裁判決について」金法 1361 号 26 頁
□⑤大判明治 39 年 3 月 3 日民録 12 輯 435 頁

Ⅲ－16 債権譲渡担保

経営難に陥りかけている建設会社Aは，2022年8月7日，取引先の重機リース会社Xから，元本返済期日3年後，利息年12%，毎月末払の条件で，6000万円の本件融資を受けた。本件融資によるXの債権（Aの債務）を，α債権（α債務）とする。なお，AX間の融資契約には，「利息の支払が1回でも遅滞した場合には，Aは期限の利益を喪失し，Xは直ちに元本・利息の全額の返済を請求することができる。」という条項が含まれていた。

本件融資にあたり，AX間では，同時に，以下の内容の本件債権譲渡担保契約が締結された。

(1) Aは，α債権を担保する目的で，Aが現に有し，または今後取得する一切の請負報酬債権をXに譲渡する。

(2) 譲渡後も，Aは，通常の営業の範囲内に限り，債務者から債権を取り立て，取立金を自己の資金として使用することができる。

(3) α債務につき期限を経過し，または期限の利益を喪失した場合には，Xは，Aに対する通知によって前記(2)の権限を失わせることができる。

Aは，同日，特に受注件数が多い不動産賃貸業者YやZ県をはじめ，主要な取引先に，以下の文面を含む「挨拶状」を内容証明郵便で送付したが，取引先から特に問合せはなかった。

「さて，今般，当社は，次の大きな飛躍を期して，X社様と資本提携等の協力関係を強化することになりました。つきましては，当社は，貴社から現在受注し，または今後受注する工事についての工事代金債権を，すべて，X社様に譲渡いたします。お支払の方法等に関しましては，従前どおり，山川銀行海原支店の当社普通預金口座宛にお振り込みいただければよく，貴社にご不便はおかけいたしません。」

2022年8月7日当時，Aは，Yからマンション甲・乙の大規模改修工事を受注しており，甲の改修工事は同年10月15日に，乙の改修工事は2023年4月15日に完了した。Yは，各日に工事代金の3分の1ずつを支払ったが，工事代金の残額2400万円については2023年7月15日を支払期日とすることが合意された。この工事代金債権をβ債権とする。

その後，Aは，2022年10月8日に，Zから，工事代金1億5000万円，引渡期日2023年5月末という条件で，県営集合住宅丙の新築工事を受注した。Aは，期限までに丙を完成させ，2023年5月31日に丙をZに引き渡した。AZ間の契約では，工事代金の支払は，工事の進捗に応じて5回に分割して行うものとされていたが，最終回の分割代金3000万円が未払であり，その支払期日は同年7月15日であった。この工事代金債権をγ債権とする。

Zが丙の利用を開始してすぐの2023年6月中旬，丙の屋上部分の防水工事に施工上のミスがあり，雨漏りがすることが判明した。Zは，Aに対し，何度も補修工事を求めたが，Aはこれを拒んだ。この間，Zには，入居者に対する損害賠償や建物の汚損などにより，100万円の損害が生じている。

なお，AY間の工事請負契約およびAZ間の建設請負契約のどちらにも，「あらかじめ注文者の承諾を得た場合を除き，請負人〔A〕は，この契約から生じる権利を第三者に譲渡することができない。」とする条項が含まれていた。

この頃，Aは，経営難が一層深刻化したため，2023年5月31日および6月30日に，Xに対するα債務（利息）の支払を怠った。そこで，Xは，Aに見切りを付け，同年7月10日，Aに対して本件債権譲渡担保契約の条項(3)による通知書を送付するとともに，YとZに対して，「Aが202X年○月○日に貴社から受注した……工事に係る工事代金債権については，当社がAより譲渡を受けておりますので，工事代金は，以後，当社の銀行口座……への振込みによりお支払いください。」という内容のファクシミリを送信した。

この間の同年7月1日，Aに対して1000万円の売掛代金債権を有する建材販売業者Bが，β債権に対する強制執行を申し立て，同月5日に差押命令がYに送達された。

現在時点は2023年7月21日である。Xは，α債権の回収のため，Y・Zからβ債権・γ債権を取り立てようとしている。

Keypoints

1 債権譲渡担保における設定者・譲渡担保権者・債務者の法的地位について理解する。

2 債権譲渡を制限する特約がある場合の譲渡人・譲受人・債務者の法的地位について理解する。

3 将来債権の譲渡に特有の法律問題について検討する。

4 動産・債権譲渡特例法による債権譲渡の対抗要件について民法上の対抗要件との異同を理解する。

Questions

(1)　β債権・γ債権に関するXの地位について，以下の点を検討しなさい。

(a)　2022年8月7日の本件債権譲渡担保契約の有効性については，どのような点が問題となりうるか。

(b)　(ア)2022年8月7日の本件債権譲渡担保契約の時点で，Aの請負報酬債権がXに譲渡されたことになるか。また，(イ)同日の挨拶状の送付，(ウ)2023年7月10日のAおよびY・Zに対する通知は，それぞれ，どのような法的意味をもつか。

(c)　Xが，Yに対する訴訟を提起してβ債権の支払を求めるには，どのような事実が要件となるか。

(d)　設例と異なり，2022年8月7日の本件債権譲渡担保契約が，「(1)Aは，α債権を担保する目的で，Aが現に有し，または今後取得する一切の請負報酬債権をXに譲渡することを予約する。(2)Aがα債務につき期限を経過し，または期限の利益を喪失したときは，Xは，直ちに予約完結の意思表示をすることができる。」という内容であったとする。この事実は，(b)(ア)・(イ)での検討内容に影響を与えるか。

⑵　Y・Zは，設例の下線部の条項を理由に，Xに対するβ債権・γ債権の支払を拒みたいと考えている。

　ⓐ　Yは，Xに対するβ債権の支払を拒むことができるか。

　ⓑ　YがXに対する支払を拒むことができるとした場合に，Xは，β債権をどのような方法で回収すればよいか。

　ⓒ　Zは，Xに対するγ債権の支払を拒むことができるか。

⑶　Zは，丙の施工上のミスに関連する理由により，Xに対するγ債権の支払を全部または一部拒むことができるか。

⑷　設例と異なり，2022年8月7日の「挨拶状」の送付に代えて，Aが同日以降の請負報酬債権すべてをXに譲渡した旨の債権譲渡登記がされていたとする。また，2023年7月10日のファクシミリの送信に代えて，Xが債権譲渡登記の登記事項証明書をY・Zに交付していたとする。この事実は，設例の解決に影響を与えるか。

Materials

1）　必読文献

□潮見『プラクティス』462～492頁，504～512頁，527～534頁

□中田『債権総論』626～638頁，656～661頁，638～645頁，661～664頁，675～690頁

□道垣内『担保物権法』349～362頁

2）　参考文献A

□司研『紛争類型別』137～139頁

□筒井＝村松編著『一問一答』161～167頁，172～173頁，175～176頁，181～182頁

3）　参考文献B

□森田宏樹「将来債権譲渡」潮見ほか編『詳解改正民法』274～284頁

□白石大「将来債権譲渡の法的構造の解明に向けて」民法理論の対話と創造研究会編『民法理論の対話と創造』（日本評論社，2018年）199～222頁

4）　必読判例

□①最判平成11年1月29日民集53巻1号151頁〔百選Ⅱ 22〕

□②最判平成13年11月22日民集55巻6号1056頁〔百選Ⅰ 98〕

5）　参考判例

□①最判平成12年4月21日民集54巻4号1562頁

□②最判平成13年11月27日民集55巻6号1090頁

□③最判昭和48年7月19日民集27巻7号823頁

民法総合・事例演習〔第3版〕

Cases and Problems: Civil Law, 3rd ed.

2006年9月30日　初　版第1刷発行　　2023年10月10日　第3版第1刷発行
2009年3月30日　第2版第1刷発行

編　者　民法総合教材研究会

発行者　江草貞治

発行所　株式会社有斐閣

〒101-0051 東京都千代田区神田神保町2-17

https://www.yuhikaku.co.jp/

印　刷・製　本　共同印刷工業株式会社

落丁・乱丁本はお取替えいたします。定価はカバーに表示してあります。

Printed in Japan ISBN 978-4-641-23320-1